Introduction

Aujourd'hui, vous êtes invité à un voyage passionnant dans le monde fascinant de l'Intelligence Artificielle (IA). Nous avons travaillé dur pour rendre accessible cette formation de Consultant en IA à chacun d'entre vous, quel que soit votre parcours. Que vous soyez un jeune diplômé désireux de spécialiser votre cursus, un professionnel à la recherche d'une reconversion professionnelle, ou un indépendant voulant améliorer son entreprise grâce à l'IA - cet ouvrage est fait pour vous.

Notre formation est conçue pour être la plus flexible possible. Elle vous fournit un syllabus à étudier à votre rythme, selon votre propre emploi du temps. De plus, la certification, entièrement réalisable en ligne, est accessible à toute heure du jour et de la nuit.

En progressant dans ce syllabus, vous rencontrerez divers exemples et scénarios, conçus pour illustrer les concepts abordés. Il est important de noter que ces exemples sont fictifs et destinés à des fins pédagogiques uniquement, afin de vous aider à comprendre de manière plus concrète le rôle d'un Consultant IA.

Sachez que le domaine de l'IA se situe à l'intersection de plusieurs univers : l'informatique, le domaine spécifique de votre projet (que ce soit l'amélioration de la communication, l'analyse de données financières, la création de rapports de ventes, etc.) et bien sûr, l'intelligence artificielle elle-même, qui révolutionne notre façon de travailler. La gestion d'un projet IA diffère fondamentalement de celle d'un projet de consultance classique, ce qui peut engendrer une certaine complexité dans la dénomination des rôles au sein du secteur.

Le Consultant IA, tel que nous le définissons dans cet ouvrage, sera le pivot des futurs projets. Il sera chargé d'analyser les besoins, d'évaluer les solutions IA existantes et de proposer les options les plus appropriées aux clients. Dans le monde de la consultance classique, ce rôle peut s'apparenter à celui d'un Business Analyst, bien que cette dénomination soit quelque peu réductrice. Pour ceux qui connaissent, notre vision de de la consultance se rapproche plus de celle du logiciel SAP qui propose depuis des années la gestion de projets entre des consultants commerciaux qui analysent les besoins des clients et les transforment en solutions possibles et des consultants techniques qui créent des modifications afin d'apporter les nouvelles fonctionnalités à leur outil.

Cet ouvrage est aussi audacieux, il fixe les nouvelles méthodes de travail dans le monde de l'IA. Il a pour ambition de maximiser vos chances de valoriser votre certification tout au long de votre carrière. Bien que cette formation soit ouverte à tous - choix délibéré pour permettre à chacun d'accéder à ce métier passionnant - elle exigera de vous des efforts pour être couronnée de succès. Ne venez pas juste pour obtenir un diplôme, venez apprendre un métier avec humilité. Si nous adoptons tous cette attitude, nous en sortirons tous gagnants.

La réussite est tout à fait à votre portée. Le niveau de la formation a été pensé pour valider vos acquis de manière juste et équitable, sans chercher à vous mettre en échec. Certains d'entre vous devront peut-être faire preuve de persévérance, mais la fierté ressentie en décrochant la certification n'en sera que plus grande.

Et pour ceux qui ne souhaitent pas passer la certification, il n'y a aucune obligation. Si cette formation répond à vos questions et enrichit vos connaissances, c'est également une réussite pour nous.

Maintenant, il est temps de poser les bases solides pour commencer cette formation. Alors, ensemble, lançons-nous dans cette aventure passionnante. C'est parti !

Partie 1: Introduction à l'IA

1.1 Définition de l'IA

1.1.1 Comprendre le concept d'IA

L'objectif de ce point est de vous aider à comprendre le concept fondamental de l'intelligence artificielle (IA). À la fin de cette section, vous serez capable de définir l'IA, de comprendre ses objectifs et de saisir l'importance de son rôle dans notre société contemporaine.

L'IA, ou intelligence artificielle, est un sous-domaine de l'informatique qui vise à créer des systèmes capables de réaliser des tâches qui nécessiteraient normalement l'intelligence humaine. Cela comprend des tâches comme l'apprentissage, la perception, la résolution de problèmes, le raisonnement, et la compréhension du langage naturel.

Exemple pratique

Prenons l'exemple d'un assistant vocal intelligent comme Siri ou Alexa. Lorsque vous lui posez une question, il utilise l'IA pour comprendre votre demande, rechercher les informations pertinentes et vous donner une réponse. Ce processus implique plusieurs aspects de l'IA, comme la compréhension du langage naturel et le raisonnement basé sur les informations disponibles.

Comprendre le concept d'IA est la première étape pour devenir un consultant en IA. Il est essentiel de comprendre ce qu'est l'IA et comment elle fonctionne afin de pouvoir conseiller les entreprises sur la manière d'intégrer l'IA dans leurs opérations. En comprenant l'IA, vous serez mieux préparé pour naviguer dans le paysage technologique en constante évolution et pour aider les entreprises à tirer le meilleur parti de l'IA.

Nous vous encourageons à poursuivre cette formation pour améliorer votre avenir professionnel. L'IA est un domaine en pleine croissance avec une demande croissante de professionnels qualifiés. En comprenant les fondamentaux de l'IA, vous ouvrez la porte à de nombreuses opportunités de carrière passionnantes.

1.1.2 Différence entre l'IA, l'apprentissage automatique et le deep learning

L'objectif de cette section est de comprendre la différence entre l'intelligence artificielle (IA), l'apprentissage automatique (ML) et le deep learning (DL). À la fin de cette lecture, vous serez capable de distinguer ces trois concepts et de comprendre comment ils s'inscrivent dans le domaine de l'IA.

L'intelligence artificielle est un domaine large qui englobe tout système ou machine qui peut imiter l'intelligence humaine. Cela comprend une variété de tâches, comme la compréhension du langage naturel, la reconnaissance de formes, la résolution de problèmes et le raisonnement.

L'apprentissage automatique est un sous-ensemble de l'IA qui se concentre sur la création de systèmes qui peuvent apprendre à partir de données. Au lieu de programmer explicitement un système pour accomplir une tâche, en ML, nous alimentons le système avec une grande quantité de données, et nous le laissons apprendre à accomplir la tâche lui-même.

Par exemple, supposons que nous voulions créer un système pour filtrer les emails de spam. En utilisant le ML, nous pourrions commencer par fournir au système des milliers d'exemples d'emails, certains marqués comme spam et d'autres comme non-spam. Le système apprendrait alors à reconnaître les caractéristiques qui distinguent le spam des emails non-spam, et pourrait ensuite utiliser cette connaissance pour filtrer les emails futurs.

Le deep learning est un sous-ensemble encore plus spécifique de l'apprentissage automatique. Le DL utilise des réseaux de neurones avec plusieurs couches (d'où le terme "deep") pour modéliser des problèmes complexes. Ces réseaux de neurones sont inspirés par le fonctionnement du cerveau humain et sont particulièrement efficaces pour traiter des données de grande dimension, comme les images ou les séquences temporelles.

Ces trois concepts sont fondamentaux pour quiconque souhaite devenir consultant en IA. Comprendre ces différences vous permettra de conseiller efficacement les entreprises sur la technologie qui convient le mieux à leurs besoins spécifiques. Par exemple, une entreprise qui a besoin de comprendre le contenu d'images pourrait bénéficier de l'utilisation du deep learning, tandis qu'une entreprise qui a besoin de faire des prédictions à partir de données tabulaires pourrait utiliser des techniques d'apprentissage automatique plus traditionnelles.

Mais ne vous inquiétez pas, on reparlera de toute cela plus loin dans cet ouvrage !

N'oubliez pas que votre voyage d'apprentissage ne fait que commencer. Continuez à approfondir vos connaissances et votre compréhension de ces concepts fondamentaux. Cela ne fera qu'améliorer votre valeur en tant que consultant en IA et ouvrir de nouvelles opportunités pour votre carrière.

1.2 Histoire et évolution de l'IA

1.2.1 Les débuts de l'IA

Objectif de l'apprentissage

Le but de cette section est de vous donner un aperçu de l'histoire de l'intelligence artificielle (IA), de ses débuts modestes à sa progression fulgurante jusqu'à aujourd'hui. À la fin de cette lecture, vous serez capable de comprendre les étapes clés de l'évolution de l'IA, ainsi que les concepts et les avancées technologiques qui ont marqué chaque ère.

Contenu de l'apprentissage

L'histoire de l'Intelligence Artificielle (IA) ne saurait être comprise sans retracer les racines de ses précurseurs. Pour ce faire, nous débutons notre voyage dans l'Égypte ancienne, où les premières machines à compter ont vu le jour. L'abacus, par exemple, est un instrument de calcul ancien qui a permis aux humains d'effectuer des opérations mathématiques plus rapidement et avec plus de précision.

Au fil des siècles, l'humanité a continué à chercher des moyens de faciliter le calcul et la gestion des données.

Dans le domaine de l'astronomie, par exemple, des inventions telles que l'astrolabe ont été utilisées pour effectuer des calculs complexes nécessaires pour la navigation et la compréhension du cosmos. Bien que ces machines ne soient pas des formes d'IA, elles ont jeté les bases des systèmes de traitement de l'information.

L'histoire de l'ordinateur est un autre jalon important dans notre parcours vers l'IA. Les premiers ordinateurs, comme l'ENIAC, étaient des machines gigantesques capables de réaliser des calculs à une vitesse inégalée pour l'époque. Cependant, ils étaient loin d'être "intelligents" au sens où nous le comprenons aujourd'hui. Ces machines n'étaient capables que d'exécuter des instructions spécifiques fournies par les opérateurs humains.

Au fil du temps, les ordinateurs ont évolué pour devenir plus petits, plus rapides et plus efficaces. Le développement de la mémoire RAM, des processeurs et des disques durs a permis une augmentation exponentielle de la puissance de calcul. Cependant, encore une fois, bien que ces développements aient permis des avancées significatives en termes de traitement de l'information, ils ne constituent pas en soi une forme d'IA.

Ainsi, comme fait notable, on peut noter qu'en 1997 le superordinateur, nommé Deep Blue, développé par IBM, est entré dans l'histoire en défiant et en battant le champion du monde en titre, Garry Kasparov, lors d'un match de six parties. Ce fut un moment significatif car il a démontré que les ordinateurs étaient maintenant capables d'égaler, et même de surpasser, l'intelligence humaine dans des tâches qui nécessitent une stratégie complexe et un haut niveau de pensée abstraite. Les échecs, avec leurs innombrables permutations de mouvements possibles et leur besoin d'une planification à long terme, ont longtemps été considérés comme un sommet de l'intelligence humaine. La victoire de Deep Blue a donc constitué une percée remarquable, faisant prendre conscience au grand public des potentialités de l'IA.

Cependant, il est important de noter que, bien que Deep Blue ait pu battre un humain aux échecs, il a été spécifiquement conçu et optimisé pour cette tâche et n'était pas capable de réaliser d'autres tâches de manière autonome. Cela souligne le fait que, bien que les ordinateurs puissent surpasser les humains dans des tâches spécifiques, ils sont toujours limités par leur programmation et ne possèdent pas l'intelligence générale que les humains ont.

L'IA, en tant que domaine distinct, est née de la volonté de créer des machines capables de penser et d'apprendre comme les êtres humains. Plutôt que de simplement exécuter des instructions spécifiques, une machine dotée d'une intelligence artificielle serait capable d'apprendre de nouvelles tâches, d'adapter ses réponses en fonction des données entrantes et même de comprendre et de produire le langage naturel.

Il est important de noter que l'évolution des ordinateurs et des technologies de l'information a permis la naissance de l'IA, mais elle ne constitue pas en soi de l'IA. La principale différence réside dans le fait que l'IA implique un niveau d'autonomie et d'apprentissage qui va au-delà de la simple exécution d'instructions programmées. Ainsi, alors que les premiers ordinateurs étaient des outils pour aider les humains à calculer et à traiter les informations, l'IA cherche à simuler la pensée et l'apprentissage humains pour résoudre des problèmes de manière autonome.

En somme, l'histoire de l'IA est intimement liée à celle de l'humanité et de notre quête incessante pour créer des outils qui peuvent nous aider à comprendre et à interagir avec le monde qui nous entoure.

L'histoire contemporaine de l'IA a été marquée par des avancées significatives. Par exemple, le développement de réseaux de neurones profonds a permis de réaliser des progrès impressionnants dans des domaines tels que la reconnaissance d'images et la compréhension du langage naturel[1]. Ces technologies ont permis à l'IA de rivaliser avec, et parfois même de surpasser, les capacités humaines dans ces domaines[2].

Dans la continuation de notre parcours à travers l'histoire de l'Intelligence Artificielle (IA), nous avons assisté à des avancées significatives dans le domaine ces dernières années.

En 2020, AlphaFold, un système d'IA développé par DeepMind, a marqué une avancée importante dans le domaine de la biologie moléculaire. AlphaFold est capable de prédire la structure 3D d'une protéine à partir de sa séquence d'acides aminés, atteignant régulièrement une précision qui rivalise avec celle des expériences[3].

AlphaFold et l'EMBL European Bioinformatics Institute ont collaboré pour créer une base de données AlphaFold afin de mettre ces prédictions à disposition de la communauté scientifique[4].

---

[1] Goodfellow, I., Bengio, Y., & Courville, A. (2016). Deep Learning. MIT Press
[2] LeCun, Y., Bengio, Y., & Hinton, G. (2015). Deep learning. Nature, 521(7553), 436–444
[3] Jumper, J., Evans, R., Pritzel, A., et al. (2021). Highly accurate protein structure prediction with AlphaFold. Nature, 596(7873), 583–589
[4] Tunyasuvunakool, K., Adler, J., Wu, Z., et al. (2021).

En 2022, Google et Deepmind ont lancé deux modèles capables de créer des images originales à partir de lignes de texte fournies par les utilisateurs. Cela a été l'un des pas les plus importants dans l'industrie de l'IA, car pour la première fois, il a été possible de démontrer la capacité créative de ces technologies et les frontières que nous pourrions atteindre lorsque les humains travaillent en collaboration avec les machines[5].

Maintenant, il est clair que l'IA continue en permanence d'évoluer et de s'améliorer, avec de nouvelles avancées et applications chaque jour.

Pourquoi est-ce important ?

Comprendre l'histoire de l'IA et ses étapes d'évolution vous donnera une perspective précieuse sur la manière dont la technologie a évolué et continuera à évoluer. Cela peut également vous aider à comprendre les défis passés et actuels de l'IA et à prévoir les opportunités futures dans ce domaine. En tant que consultant en IA, une bonne compréhension de l'histoire de l'IA vous permettra de

---

Highly accurate protein structure prediction for the human proteome. Nature, 596(7873), 590–596
[5] Radford, A., Kim, J. W., Hallacy, C., et al. (2022). Learning Transferable Visual Models From Natural Language Supervision. ArXiv.

mieux conseiller vos clients et de prédire les tendances futures.

1.2.2 Les différentes vagues de l'IA

L'Intelligence Artificielle (IA) a traversé plusieurs vagues ou phases importantes au cours de son histoire. Ces vagues reflètent l'évolution de l'IA, les paradigmes qui ont dominé à chaque époque et les avancées technologiques qui ont permis ces progrès.

La première vague de l'IA, qui a commencé dans les années 1950, était axée sur la programmation de règles. Durant cette phase, les scientifiques ont tenté d'imiter le comportement humain en créant des règles et des algorithmes précis. Par exemple, le programme ELIZA a été conçu pour imiter une conversation en suivant un ensemble de règles préétablies pour répondre aux utilisateurs.

La deuxième vague de l'IA, qui a débuté dans les années 1980, était centrée sur l'apprentissage machine. Ici, l'idée était de permettre aux ordinateurs d'apprendre et d'améliorer leurs performances à partir de données, plutôt que de suivre des règles prédéfinies. Par exemple, le système de recommandation d'Amazon utilise l'apprentissage machine pour analyser le comportement des utilisateurs et proposer des produits pertinents.

La troisième vague, qui est en cours depuis le début des années 2010, est axée sur le deep learning. Cette phase a été rendue possible par les progrès en matière de puissance de calcul et par l'augmentatlon massive de la quantité de données disponibles. Par exemple, les systèmes de reconnaissance vocale comme Siri d'Apple et Alexa d'Amazon utilisent le deep learning pour comprendre et répondre aux commandes vocales.

Ces vagues sont fascinantes car elles témoignent de la croissance incroyable de l'IA et de son potentiel à transformer notre monde. En tant que futur consultant en IA, comprendre ces vagues est essentiel car elles vous fournissent un contexte historique et vous aident à apprécier la rapidité de l'évolution de l'IA. Cette connaissance est précieuse car elle vous permet de mieux conseiller vos clients et de les aider à naviguer dans le paysage en constante évolution de l'IA.

Nous vous encourageons vivement à poursuivre cette formation, car elle vous fournira des connaissances essentielles pour votre avenir professionnel. L'IA a un potentiel énorme et elle continuera à évoluer, offrant de nouvelles opportunités et défis passionnants.

1.2.3 L'IA moderne

L'intelligence artificielle (IA) moderne est un domaine en constante évolution, alimenté par des avancées technologiques, des améliorations dans le traitement des données et une compréhension plus profonde de la manière dont les systèmes peuvent apprendre et s'adapter. Cette section du cours vise à vous donner un aperçu de l'évolution récente de l'IA et de ses applications modernes, tout en soulignant l'importance de cette technologie pour votre future carrière en tant que consultant.

Au cours des dernières années, l'IA a fait des incursions dans presque tous les domaines de notre vie, depuis les logiciels de développement comme GitHub's Copilot qui aide les développeurs à générer du code, jusqu'aux modèles de langage comme GPT-3+ d'OpenAI qui génère du texte semblable à celui d'un humain. Ces outils, autrefois à l'état embryonnaire, sont devenus omniprésents dans l'écriture et la programmation[6].

---

[6] Brown, T.B., Mann, B., Ryder, N., et al. (2020). Language Models are Few-Shot Learners. ArXiv

L'essor de l'intelligence artificielle (IA) a été particulièrement évident dans des domaines aussi divers que l'art numérique, la biologie moléculaire et les ressources humaines. La croissance explosive de l'IA a engendré de nombreux outils innovants, modifiant radicalement les pratiques dans ces domaines.

Un exemple particulièrement impressionnant est le développement de DALL-E 2, une IA génératrice d'images conçue par OpenAI. DALL-E 2 a la capacité unique de créer des images détaillées à partir de simples descriptions textuelles. Par exemple, si vous demandez à DALL-E 2 de produire une image d'un "chat tenant un parapluie sous la pluie", l'IA générera une image correspondant à cette description. Cela a un impact considérable sur le monde de l'art numérique, car il offre aux artistes une nouvelle façon de traduire leurs visions créatives en œuvres d'art, tout en leur permettant d'expérimenter des concepts plus abstraits et imaginatifs.

Dans le domaine de la biologie moléculaire, l'IA a également eu un impact significatif, comme en témoigne le système d'IA AlphaFold développé par DeepMind. AlphaFold a le pouvoir de prédire la structure de protéines à partir de leurs séquences d'acides aminés, une tâche incroyablement complexe mais essentielle pour comprendre comment les protéines fonctionnent dans le corps humain. Par exemple, AlphaFold a été utilisé pour prédire la structure de protéines clés du virus SARS-CoV-2, ouvrant la voie à de nouvelles recherches médicales et à la conception de médicaments plus efficaces contre la COVID-19.

En ce qui concerne les ressources humaines, l'IA a également apporté de nouvelles possibilités. Prenons par exemple le recrutement. L'IA peut désormais aider à trier des milliers de CV pour identifier les candidats les plus qualifiés. Des outils comme Pymetrics utilisent l'IA pour évaluer les compétences des candidats par le biais de jeux en ligne et prédire leur performance dans des rôles spécifiques. Cette utilisation de l'IA a le potentiel de rendre le processus de recrutement plus efficace, plus objectif et moins biaisé, tout en aidant les entreprises à dénicher les talents cachés qui pourraient autrement passer inaperçus.

En tant que futur consultant, comprendre l'IA et ses applications peut vous offrir un avantage concurrentiel durable. Que ce soit pour automatiser des tâches répétitives ou pour amplifier les capacités de vos employés, l'IA a le potentiel de transformer les fonctions d'entreprise telles que le marketing, les ventes, la finance et les ressources humaines[7]. De plus, l'IA moderne, basée

---

[7] Chui, M., Manyika, J., Miremadi, M. (2016). Where machines could replace humans—and where they can't

sur l'apprentissage profond, a démontré sa capacité à générer des modèles beaucoup plus complexes que leurs homologues plus simples, et rivalise même avec l'exactitude humaine dans des domaines comme la vision par ordinateur et le traitement du langage naturel.

Pourquoi est-ce important pour vous ?

En tant que consultant, vous serez souvent appelé à proposer des solutions innovantes pour améliorer les opérations et la performance des entreprises. Comprendre l'IA moderne, ses capacités et ses applications potentielles peut vous aider à identifier des opportunités où l'IA peut apporter de la valeur. De plus, une compréheon approfondie de l'IA peut vous positionner comme un allié éclairé dans votre domaine, augmentant votre valeur aux yeux de vos clients et de vos collègues. Etre pris au sérieux commence par savoir de quoi l'on parle...

(yet). McKinsey Quarterly.

1.3 Différents types d'IA

1.3.1 IA faible vs IA forte

L'objectif de cette section est de vous faire comprendre la différence entre l'IA faible (ou spécifique) et l'IA forte (ou générale), deux concepts clés dans le domaine de l'intelligence artificielle. À la fin de cette section, vous serez capable de distinguer ces deux types d'IA et de comprendre leurs applications potentielles.

1.3.1.1 IA forte
en revanche, se réfère aux systèmes d'IA qui possèdent une compréhension générale, similaire à celle d'un être humain. Ces systèmes seraient capables de comprendre, d'apprendre, d'adapter leur comportement et de résoudre de nouveaux problèmes indépendamment. À ce jour, l'IA forte reste largement théorique et n'existe pas encore.

Exemple:

L'IA forte reste largement théorique à l'heure actuelle. Cependant, un exemple hypothétique pourrait être un robot doté d'IA qui pourrait accomplir n'importe quelle tâche qu'un humain pourrait faire, apprendre de nouvelles compétences par lui-même, comprendre et interpréter le langage naturel dans son contexte, et résoudre des problèmes complexes de manière indépendante. Ce type de système pourrait interagir avec le monde de la même manière qu'un être humain, avec la même capacité à comprendre et à apprendre de nouvelles choses.

Une application potentiellement possible de l'IA forte serait un système de soins de santé entièrement automatisé. Imaginons une machine qui pourrait non seulement diagnostiquer une maladie sur la base des symptômes du patient, mais également comprendre le contexte émotionnel et psychologique du patient, et même formuler un plan de traitement complet.

Par exemple, cette machine pourrait interagir avec le patient comme le ferait un médecin humain, posant des questions pour comprendre les symptômes et leur historique. Elle pourrait ensuite analyser ces informations en utilisant une base de données médicale globale, infiniment plus vaste que celle qu'un humain pourrait posséder, pour identifier la maladie. Elle pourrait même prendre en compte des facteurs comme l'humeur du patient, son ton de voix et son langage corporel pour évaluer son état émotionnel et psychologique, éléments importants pour une approche holistique des soins de santé.

La machine pourrait ensuite formuler un plan de traitement, allant de la prescription de médicaments à la recommandation de thérapies spécifiques, et expliquer ce plan au patient de manière claire et empathique. Elle pourrait même anticiper les questions ou les préoccupations du patient et y répondre de manière proactive.

Mais il est important de noter que ceci est encore purement hypothétique et que le développement d'une telle machine présenterait des défis énormes, tant en termes de technologie que d'éthique. Cependant, c'est un exemple de ce que pourrait être l'IA forte dans les années à venir.

En tant que consultant en IA, la compréhension de ces deux concepts est essentielle. L'IA faible est actuellement utilisée dans diverses industries pour résoudre des problèmes spécifiques, tandis que l'IA forte, une fois réalisée, pourrait avoir des implications beaucoup plus larges et transformer radicalement notre façon de vivre et de travailler. N'oubliez pas que chaque étape de votre formation en IA est une pièce du puzzle qui vous aidera à façonner un avenir meilleur, non seulement pour vous-même mais aussi pour vos clients potentiels.

IA forte et IA générale : quelques nuances

Précisons également que L'IA forte et l'IA générale sont des termes qui se réfèrent à des concepts similaires mais distincts en intelligence artificielle. Les deux termes font référence à des systèmes d'IA qui ont une compréhension et une capacité d'apprentissage qui vont au-delà de tâches spécifiques et bien définies. Cependant, il y a une nuance subtile entre les deux :

- *L'IA forte*, aussi appelée AI forte ou AGI (Artificial General Intelligence), désigne une intelligence artificielle qui possède une compréhension et une conscience de soi similaires à celles d'un être humain. En d'autres termes, une IA forte n'est pas simplement programmée pour accomplir certaines tâches ; elle a la capacité de comprendre, d'apprendre et de s'adapter à une variété de situations de manière indépendante. Elle peut comprendre le contexte, prendre des décisions en se basant sur une logique rationnelle et même développer une conscience de soi. Cependant, il est important de noter qu'à l'heure actuelle, l'IA forte reste un concept théorique et aucun système d'IA existant n'a atteint ce niveau de sophistication.

- *L'IA générale* fait référence à des systèmes d'IA qui peuvent accomplir n'importe quelle tâche intellectuelle que peut accomplir un être humain. Ces systèmes sont capables d'apprendre, de comprendre et d'appliquer ce savoir à une variété de problèmes, indépendamment du domaine. En d'autres termes, ils ne sont pas limités à une seule tâche ou à un ensemble de tâches spécifiques, mais peuvent s'adapter à une multitude de situations et de problèmes. Comme l'IA forte, l'IA générale reste un objectif lointain et n'existe pas encore en pratique.

1.3.1.2 **IA faible**

L'IA faible est un terme utilisé pour décrire les systèmes d'IA qui sont conçus et formés pour accomplir une tâche spécifique. Ces systèmes n'ont pas la capacité de comprendre ou d'apprendre quoi que ce soit en dehors de leur domaine spécifique. Par exemple, un système de reconnaissance de la parole, tel que Siri d'Apple, est un exemple d'IA faible. Il peut répondre à des commandes vocales spécifiques, mais il n'a pas la capacité de comprendre le contexte au-delà de ces commandes.

Exemples:

Un exemple classique d'IA faible est l'assistant vocal comme Alexa d'Amazon ou Siri d'Apple. Ces systèmes sont programmés pour répondre à des commandes vocales spécifiques et exécuter des tâches bien définies, comme rechercher des informations, programmer des rappels ou contrôler des appareils domestiques intelligents. Ils ne peuvent pas comprendre ou apprendre au-delà de leur programmation initiale.

Un autre exemple notable d'IA faible est le système de recommandation utilisé par des plateformes comme Netflix ou Spotify. Ces systèmes utilisent des algorithmes pour analyser le comportement de visionnage ou d'écoute de l'utilisateur et recommander du contenu similaire qui pourrait lui plaire. Malgré leur capacité à fournir des suggestions personnalisées, ces systèmes ne comprennent pas réellement les préférences des utilisateurs ou le contenu qu'ils recommandent. Leur capacité est limitée à trouver des modèles dans les données et à les utiliser pour faire des prédictions, sans aucune compréhension contextuelle ou capacité à apprendre au-delà de leur programmation initiale.

Un troisième exemple d'IA faible peut être trouvé dans les systèmes de conduite assistée des véhicules, tels que le système Autopilot de Tesla. Ces systèmes peuvent effectuer des tâches spécifiques, telles que maintenir la voiture dans sa voie, réguler sa vitesse en fonction du trafic environnant ou stationner automatiquement la voiture. Cependant, malgré leur sophistication, ils ne "comprendent" pas réellement la conduite comme un conducteur humain le ferait. Ils sont limités à leurs programmations et protocoles de sécurité spécifiques et ne peuvent pas faire face à des situations inattendues ou apprendre de nouvelles compétences de conduite sans être reprogrammés ou mis à jour.

IA faible et IA spécifique : quelques nuances

L'IA faible et l'IA spécifique sont souvent utilisées de manière interchangeable car elles ont des caractéristiques très similaires. En fait, les deux termes se réfèrent à des systèmes d'IA qui sont conçus et formés pour effectuer des tâches spécifiques et bien définies. Ces systèmes ne possèdent pas la capacité de comprendre, d'apprendre ou de s'adapter au-delà de leur programmation initiale.

Cependant, il existe une nuance légère entre les deux termes :

- *L'IA faible* fait référence à des systèmes d'IA qui, bien qu'ils puissent donner l'illusion de comprendre ou d'apprendre, sont en réalité limités à des fonctions spécifiques et ne possèdent pas une véritable compréhension ou conscience. Les tâches qu'ils accomplissent sont généralement simples et ne requièrent pas de compétences avancées ou de réflexion créative. Des exemples d'IA faible incluent des assistants vocaux comme Siri ou Alexa, ou des systèmes de recommandation comme ceux utilisés par Netflix ou Amazon.

- *L'IA spécifique* est un terme plus large qui englobe tous les types d'IA conçus pour une tâche ou un ensemble de tâches spécifiques. Cela peut inclure des systèmes d'IA faible, mais aussi des systèmes d'IA plus avancés qui sont capables de tâches plus complexes, à condition que ces tâches restent spécifiques et bien définies. Par exemple, AlphaGo de DeepMind est un exemple d'IA spécifique. Il est capable de maîtriser le jeu de Go, une tâche extrêmement complexe qui nécessite une stratégie avancée, mais il ne peut pas apprendre à effectuer d'autres tâches au-delà du jeu de Go.

En somme, alors que toute IA faible est une IA spécifique (car elle est conçue pour des tâches spécifiques), toute IA spécifique n'est pas nécessairement une IA faible (car elle peut être capable de tâches plus complexes).

En résumé, alors que toute IA forte serait également une IA générale (puisqu'elle pourrait accomplir n'importe quelle tâche intellectuelle), toute IA générale ne serait pas nécessairement une IA forte (puisqu'elle pourrait ne pas posséder une compréhension ou une conscience de soi similaires à celles d'un être humain).

Comprendre ces deux catégories d'IA est une étape cruciale pour quiconque envisage une carrière en tant que consultant en IA. La majeure partie de l'IA en fonctionnement aujourd'hui est spécifique, et connaître les forces et les limites de cette technologie permet de l'implémenter efficacement pour résoudre des problèmes d'entreprise. L'IA générale, si elle est réalisée, représente un potentiel énorme pour transformer diverses industries et secteurs. En continuant votre formation, vous vous préparez à naviguer dans ce paysage technologique en constante évolution.

1.4 Applications courantes de l'IA

1.4.1 IA dans la vie quotidienne

L'objectif de cette section est de vous donner un aperçu de la manière dont l'Intelligence Artificielle (IA) est intégrée dans notre vie quotidienne. A la fin de cette section, vous devriez être capable d'identifier et d'expliquer comment différentes applications de l'IA fonctionnent dans diverses situations de la vie quotidienne.

Les applications de l'IA sont omniprésentes et elles facilitent notre vie quotidienne de manières que nous ne réalisons même pas. Les assistants vocaux comme Siri, Alexa ou Google Assistant, qui utilisent l'IA pour comprendre notre voix et répondre à nos requêtes, sont un exemple courant. Ces assistants peuvent nous aider à contrôler nos appareils, à répondre à des questions, à programmer des alarmes, et bien plus encore.

Prenons un exemple concret. Supposons que vous rentriez chez vous après une longue journée de travail et que vous vouliez préparer un dîner rapide. Vous pouvez demander à votre assistant vocal de vous proposer une recette rapide à partir des ingrédients disponibles dans votre cuisine. L'assistant, grâce à l'IA, est capable de comprendre votre requête, de chercher parmi des milliers de recettes, et de vous proposer une recette adaptée à vos besoins.

Ce n'est pas tout. L'IA est également au cœur des recommandations personnalisées que nous recevons sur les plateformes de streaming comme Netflix ou Spotify. En analysant nos préférences et nos comportements passés, ces systèmes sont capables de prédire ce que nous aimerions regarder ou écouter ensuite.

Il est également intéressant de noter que l'IA n'est pas seulement présente dans les produits numériques. Par exemple, les voitures autonomes, qui utilisent l'IA pour naviguer en toute sécurité sur les routes, sont en cours de développement et promettent de révolutionner le transport.

Maintenant, prenons un moment pour réfléchir à l'importance de ces applications dans notre vie quotidienne. Non seulement elles rendent notre vie plus facile et plus pratique, mais elles nous donnent aussi un aperçu de l'avenir de la technologie. En poursuivant votre formation en IA, vous pourrez non seulement comprendre comment ces technologies fonctionnent, mais aussi contribuer à leur développement et à leur amélioration.

Il est crucial de comprendre que l'IA n'est pas seulement un sujet intéressant d'un point de vue académique, mais qu'elle a également des implications profondes pour notre avenir professionnel. Les compétences en IA sont de plus en plus demandées dans de nombreux secteurs, y compris le marketing, la finance, la santé et bien d'autres. En maîtrisant les concepts et les techniques de l'IA, vous vous préparez à un avenir professionnel brillant dans un domaine en pleine croissance.

Enfin, la compréhension des applications courantes de l'IA est une étape essentielle pour comprendre le reste du syllabus. Chaque point que nous aborderons par la suite s'appuiera sur ces concepts de base, vous permettant de comprendre comment l'IA est utilisée dans des contextes plus spécifiques et plus avancés.

1.4.2 L'IA dans les affaires

But de cette section

Cette section a pour objectif de vous familiariser avec l'application de l'intelligence artificielle (IA) dans le domaine des affaires. À la fin de cette lecture, vous serez en mesure de comprendre comment l'IA transforme le monde des affaires, d'identifier ses applications courantes dans diverses fonctions d'entreprise, et de réfléchir aux opportunités que cela pourrait représenter pour vous-même en tant que futur consultant.

Contenu

L'IA, avec sa capacité à apprendre, à raisonner et à traiter des volumes massifs de données à une vitesse phénoménale, transforme de manière significative le monde des affaires. Que ce soit pour l'automatisation de tâches répétitives, l'amplification des capacités des travailleurs, ou l'analyse prédictive pour évaluer les risques et les opportunités, l'IA est devenue un outil incontournable pour les entreprises de toutes tailles et de tous secteurs[8].

Prenons par exemple une entreprise de services financiers. Elle pourrait utiliser l'IA pour fournir une assistance financière 24/7 à ses clients, prédire et évaluer les risques de prêt, et collecter et analyser les données des clients pour améliorer les services offerts. L'IA peut également être utilisée pour améliorer l'efficacité opérationnelle en automatisant des tâches comme la

---

[8] Bughin, J., Hazan, E., Ramaswamy, S., Chui, M., Allas, T., Dahlström, P., Henke, N., & Trench, M. (2017). Artificial intelligence: The next digital frontier?. McKinsey Global Institute.

saisie de données, la vérification de conformité, et bien plus encore.

Imaginez que vous êtes un consultant pour une grande chaîne de vente au détail qui cherche à améliorer ses opérations et son service à la clientèle. Une approche possible serait d'implémenter l'IA pour améliorer l'efficacité de la chaîne d'approvisionnement, l'exactitude de l'inventaire, et la personnalisation de l'expérience d'achat pour les clients.

Concrètement :

1. *Chaîne d'approvisionnement et gestion de l'inventaire* : L'IA peut aider à prévoir la demande des produits en analysant les tendances des ventes passées, les fluctuations saisonnières, les événements à venir et d'autres facteurs externes. Cela permet de réduire les stocks excédentaires et les ruptures de stock, conduisant à une amélioration de l'efficacité et à une réduction des coûts.

2. *Personnalisation de l'expérience client* : En utilisant l'IA pour analyser les données des clients - telles que l'historique des achats, les préférences, les interactions sur le site web et les réseaux sociaux - l'entreprise pourrait offrir des recommandations de produits personnalisées, améliorer le ciblage de ses campagnes marketing, et offrir un service à la clientèle plus personnalisé.

En tant que consultant, votre rôle serait de recommander ces solutions, de guider l'entreprise dans la sélection des technologies appropriées, et de superviser leur mise en œuvre. Ce type de projet pourrait avoir un impact significatif sur la performance de l'entreprise, et vous positionner en tant que professionnel indispensable et bien informé dans votre domaine.

Mais pourquoi est-ce important pour vous, en tant qu'apprenant dans ce domaine ? Imaginez que vous êtes un consultant en affaires. Comprendre comment l'IA peut être utilisée pour résoudre des problèmes d'affaires et améliorer les opérations pourrait vous donner un avantage compétitif. Vous pourriez être celui qui aide une entreprise à identifier comment elle pourrait utiliser l'IA pour améliorer ses processus, réduire ses coûts ou améliorer son service à la clientèle.

Importance pour l'avenir

L'IA est la plus grande évolution technologique que nous ayons jamais connue, et elle évolue beaucoup plus rapidement que les précédentes. En tant que futur consultant, votre compréhension de l'IA et de son application dans les affaires pourrait vous donner une longueur d'avance sur vos concurrents. C'est une compétence précieuse qui pourrait ouvrir de nouvelles opportunités de carrière et vous aider à apporter une valeur ajoutée significative à vos clients[9].

Nous sommes convaincus que la maîtrise de l'IA est un atout majeur pour tout consultant. Alors, continuez à apprendre, à explorer et à vous immerger dans cette technologie fascinante. C'est une aventure passionnante, et nous sommes ravis de vous accompagner tout au long de ce voyage. Restez motivé, chaque étape de cette formation vous demande de prendre le temps nécessaire pour en tirer tous les enseignements. L'IA demande d'être visionnaire et de réfléchir au-delà des frontières…

1.4.3 IA dans la Recherche et le Développement (R&D)

La Recherche et Développement (R&D) est un terme qui désigne les activités entreprises par une entreprise, une organisation ou un gouvernement dans le but de découvrir et de créer de nouvelles connaissances, de nouveaux produits, services ou processus, ou d'améliorer ceux qui existent déjà.

---

[9] Bessen, J. E. (2019). AI and Jobs: The Role of Demand. NBER Working Paper No. 24235. National Bureau of Economic Research.

La *Recherche* peut être fondamentale ou appliquée. La recherche fondamentale est menée pour accroître la compréhension générale d'un sujet sans objectif commercial immédiat, tandis que la recherche appliquée vise à résoudre des problèmes spécifiques ou à créer de nouveaux produits ou services.

Le *Développement* se réfère à l'application des connaissances acquises lors de la phase de recherche pour créer des produits, des services ou des processus concrets. Cela implique généralement des activités de conception, de prototypage, de test et d'amélioration.

En résumé, la R&D est un processus continu d'innovation et d'amélioration qui est vital pour la croissance et le succès à long terme des entreprises et des économies.

L'objectif de cette section est de vous permettre de comprendre comment l'Intelligence Artificielle (IA) est utilisée dans la recherche et le développement (R&D). Après avoir lu cette section, vous serez capable de :
- Comprendre comment l'IA peut accélérer le processus de R&D dans divers domaines.
- Identifier des exemples concrets d'utilisation de l'IA dans la R&D.

- Appliquer les connaissances acquises pour suggérer des approches basées sur l'IA pour améliorer la R&D dans différents contextes.

L'IA offre un potentiel énorme pour améliorer les processus de R&D, réduire le temps de mise sur le marché et stimuler l'innovation. Elle peut aider à créer des modèles prédictifs, à simuler des scénarios complexes, et à découvrir de nouvelles approches ou solutions à des problèmes complexes.

Exemple 1: IA dans la R&D pharmaceutique

Dans le domaine pharmaceutique, l'IA est utilisée pour accélérer la découverte de médicaments et améliorer les essais cliniques. Par exemple, l'IA peut aider à prédire les interactions entre les molécules et les cibles biologiques, réduisant ainsi le nombre d'expériences nécessaires en laboratoire. De plus, l'IA peut aider à identifier les participants appropriés pour les essais cliniques, améliorer la collecte et l'analyse des données, et surveiller les effets secondaires des médicaments.

Exemple 2: IA dans la R&D en ingénierie

Dans le domaine de l'ingénierie, l'IA peut être utilisée pour simuler des scénarios de conception et de performance, permettant aux ingénieurs de tester et d'améliorer leurs créations avant même la fabrication d'un prototype physique. Par exemple, dans l'industrie automobile, l'IA peut être utilisée pour simuler la performance d'une nouvelle conception de voiture, en tenant compte de facteurs tels que l'aérodynamique, la consommation de carburant et la sécurité.

L'IA a le potentiel de révolutionner la R&D dans presque tous les domaines, en accélérant la découverte et l'innovation, en réduisant les coûts et en améliorant la qualité et l'efficacité. En tant qu'étudiant et futur professionnel, comprendre comment l'IA peut être appliquée à la R&D vous donnera un avantage considérable. C'est pourquoi il est crucial de continuer à apprendre et à explorer ce domaine passionnant. Non seulement cela vous aidera à faire une différence dans votre future carrière, mais cela vous permettra également de contribuer à l'avancement de la science et de la technologie. Continuez d'apprendre, l'avenir vous appartient!

Partie 2: Fondements de l'IA

Notre exploration passionnante de l'Intelligence Artificielle (IA) nous amène maintenant à explorer les fondements de cette technologie révolutionnaire. Cette partie du syllabus abordera des concepts clés comme le Machine Learning qui sont essentiels pour comprendre comment fonctionne l'IA.

2.1 Introduction au Machine Learning

Le Machine Learning est un sous-ensemble de l'IA qui donne aux machines la capacité d'apprendre de l'expérience sans être explicitement programmées. En abordant cette section, vous serez non seulement capable de définir le Machine Learning, mais vous pourrez aussi comprendre comment il est utilisé dans diverses applications pratiques.

Votre compréhension du Machine Learning ne se limitera pas à la théorie, mais s'étendra aux applications pratiques. Pour illustrer cela, prenons deux exemples clés : les systèmes de recommandation utilisés par des entreprises comme Netflix et Amazon, et les systèmes de détection de fraude dans le secteur bancaire.

Netflix et Amazon utilisent le Machine Learning pour analyser les préférences et les habitudes des utilisateurs afin de recommander des films, des émissions de télévision ou des produits qui pourraient leur plaire. C'est le Machine Learning qui alimente ces systèmes de recommandation, analysant les données de chaque utilisateur pour prédire ce qu'ils pourraient aimer.

Dans le secteur bancaire, le Machine Learning est utilisé pour détecter les transactions frauduleuses. En analysant les habitudes de dépenses des clients, les systèmes alimentés par le Machine Learning peuvent identifier les transactions qui sortent de l'ordinaire et les signaler comme potentiellement frauduleuses.

2.1.1 Définition du Machine Learning

Le Machine Learning est un processus par lequel un ordinateur développe une capacité à apprendre de l'expérience. Plus spécifiquement, il se réfère à la capacité d'une machine à améliorer ses performances ou ses prédictions sur la base des données qu'elle reçoit.

Comprendre le Machine Learning n'est pas seulement crucial pour votre carrière, c'est également essentiel pour la compréhension du reste de cette formation. La maîtrise du Machine Learning vous donnera un avantage considérable dans l'avenir du monde de l'IA, un domaine qui continue à croître et à évoluer rapidement.

Cette étape de votre formation est donc une étape clé dans votre cheminement d'apprentissage. Elle vous permettra de comprendre les concepts fondamentaux qui alimentent l'IA, et de voir comment ils sont appliqués dans le monde réel. Plus vous approfondirez votre connaissance du Machine Learning, plus vous serez en mesure d'apprécier la beauté et la complexité de l'IA. Alors continuez votre apprentissage et préparez-vous à explorer le monde passionnant de l'IA !

2.1.2 Types de Machine learning (supervisé, non supervisé, semi-supervisé, apprentissage par renforcement)

L'objectif de cette section est de vous familiariser avec les différents types d'apprentissage en machine learning. A la fin de cette section, vous serez capable de comprendre les concepts clés de l'apprentissage supervisé, non supervisé, semi-supervisé et par renforcement, et de savoir quand et comment les appliquer pour résoudre des problèmes réels.

Commençons par l'apprentissage supervisé, qui est probablement le type le plus courant et le plus facile à comprendre. Dans l'apprentissage supervisé, nous avons des données d'entrée ainsi que les étiquettes de sortie correspondantes. L'objectif est de construire un modèle qui puisse prédire les étiquettes de sortie à partir des données d'entrée. Un exemple pratique de ceci pourrait être la prédiction du prix d'une maison en fonction de ses caractéristiques comme la taille, le nombre de chambres, l'emplacement, etc.

Passons ensuite à l'apprentissage non supervisé, où nous n'avons que des données d'entrée et aucun étiquetage de sortie. Le but de l'apprentissage non supervisé est de découvrir des structures cachées ou des motifs dans les données. Un exemple typique serait le regroupement des clients en segments de marché en fonction de leurs habitudes d'achat. Un autre exemple d'apprentissage non supervisé serait l'analyse des sentiments dans les médias sociaux. Supposons que vous soyez une grande entreprise et que vous souhaitiez savoir ce que les gens pensent de votre marque sur Twitter. Vous n'avez pas d'étiquettes pour ces tweets - personne n'a passé du temps à passer en revue des milliers de tweets et à indiquer si chaque tweet est positif, négatif ou neutre à l'égard de votre marque.

Ici, un algorithme d'apprentissage non supervisé pourrait être utilisé. Il analyserait les tweets et tenterait de trouver des motifs dans la manière dont les mots sont utilisés. Par exemple, il pourrait constater que les tweets qui contiennent des mots comme "génial", "excellent" ou "fantastique" ont tendance à être regroupés ensemble et pourraient être considérés comme des tweets positifs. D'autre part, les tweets contenant des mots comme "horrible", "mauvais" ou "terrible" pourraient être regroupés séparément et considérés comme des tweets négatifs. Cela pourrait permettre à l'entreprise de comprendre globalement si la perception de sa marque sur Twitter est positive ou négative, sans avoir besoin d'étiquettes préexistantes pour les tweets.

L'apprentissage semi-supervisé, comme son nom l'indique, se situe entre les deux. Nous avons des étiquettes pour certaines de nos données, mais pas pour toutes. C'est souvent le cas dans le monde réel où l'étiquetage des données peut être coûteux ou chronophage. Un exemple concret de l'apprentissage semi-supervisé est la reconnaissance d'images. Supposons que vous travaillez pour une agence de protection de la faune et vous avez des milliers de photos prises par des pièges photographiques dans la forêt. Votre objectif est d'identifier les photos qui contiennent certaines espèces d'animaux.

Cependant, passer en revue toutes ces photos et les étiqueter manuellement serait une tâche énorme. Au lieu de cela, vous pourriez utiliser une approche semi-supervisée. Vous commencez par passer un peu de temps à étiqueter un petit échantillon de photos - par exemple, identifier celles qui contiennent un jaguar, un tapir ou un singe araignée.

Ensuite, vous entraînez un algorithme d'apprentissage semi-supervisé sur ces données étiquetées. L'algorithme apprend à reconnaître les caractéristiques visuelles qui distinguent ces différentes espèces. Il utilise ensuite ces informations pour faire des prédictions sur le reste des photos non étiquetées.

De cette manière, vous pouvez identifier les photos qui sont susceptibles de contenir les espèces qui vous intéressent, sans avoir à passer par le processus laborieux d'étiquetage de chaque photo individuellement.

Enfin, nous avons l'apprentissage par renforcement. Dans ce type d'apprentissage, un agent apprend à effectuer des actions dans un environnement de manière à maximiser une sorte de récompense cumulée. Un exemple bien connu de ceci est le jeu d'échecs, où un agent apprend à jouer en recevant une récompense positive pour gagner des matchs et une récompense négative pour les perdre.

Il est important de comprendre que ces types d'apprentissage ne sont pas mutuellement exclusifs, et que souvent, dans la résolution de problèmes réels, ils peuvent être utilisés ensemble. Par exemple, une entreprise de commerce électronique souhaite améliorer ses recommandations de produits à ses clients. L'entreprise dispose d'une énorme quantité de données sur le comportement d'achat de ses clients, mais ces données sont non étiquetées, c'est-à-dire qu'elles n'indiquent pas directement quel produit un client est susceptible d'acheter ensuite.

Dans un premier temps, l'entreprise peut utiliser l'apprentissage non supervisé pour découvrir des structures cachées dans ces données. Par exemple, elle peut utiliser un algorithme de regroupement pour identifier des groupes de clients ayant des comportements d'achat similaires. Peut-être que certains clients achètent beaucoup de produits de beauté, tandis que d'autres achètent surtout des livres, et d'autres encore des produits ménagers.

Ces groupes deviennent alors une nouvelle caractéristique des données, qui peut être utilisée dans un modèle d'apprentissage supervisé. Par exemple, l'entreprise pourrait ensuite entraîner un modèle de classification pour prédire, pour chaque groupe, quel produit un client est susceptible d'acheter ensuite. Le modèle serait formé sur une partie des données (où l'entreprise connaît les achats suivants des clients) et pourrait ensuite être utilisé pour faire des prédictions sur les autres clients.

De cette manière, l'apprentissage non supervisé et supervisé peuvent être utilisés conjointement pour résoudre un problème complexe.

Pourquoi est-il si crucial d'apprendre ces concepts ? Eh bien, l'IA est en train de transformer le monde à une vitesse vertigineuse. Elle est partout, des recommandations de produits sur Amazon à la prédiction de la météo. En maîtrisant l'IA, vous non seulement faites un pas vers l'avenir, mais vous vous donnez également un avantage considérable dans votre carrière. Que vous soyez un développeur cherchant à améliorer vos compétences, un manager voulant comprendre comment l'IA peut être utilisée dans votre entreprise, ou simplement quelqu'un d'intéressé par l'IA, cette section du syllabus

2.2 Deep Learning

Le Deep Learning est une sous-branche du Machine Learning basée sur des réseaux de neurones artificiels. Il tire son nom de la profondeur de ces réseaux, qui peuvent compter un grand nombre de couches. Le Deep Learning a la capacité d'apprendre des représentations de données complexes et abstraites, ce qui en fait une technologie clé dans divers domaines, de la reconnaissance vocale à la détection d'objets en passant par la traduction automatique.

En abordant cette section, vous pourrez comprendre non seulement ce qu'est le Deep Learning, mais aussi comment il est utilisé dans des applications concrètes et comment il façonne notre monde.

Pour illustrer ces concepts, considérons deux exemples : les assistants vocaux tels que Siri ou Alexa, et les voitures autonomes.

Les assistants vocaux utilisent le Deep Learning pour comprendre et traiter le langage naturel. Les algorithmes de Deep Learning permettent à ces systèmes de comprendre nos commandes vocales, d'apprendre de nouvelles expressions et même de s'adapter à nos accents.

Les voitures autonomes, quant à elles, utilisent le Deep Learning pour détecter et interpréter les objets autour d'elles. Par exemple, une voiture autonome peut utiliser le Deep Learning pour identifier les piétons, les autres véhicules, les panneaux de signalisation et bien d'autres éléments pour naviguer en toute sécurité.

2.2.1 Comprendre le concept de Deep Learning

Comme dit plus haut, le Deep Learning est un type de Machine Learning qui repose sur des réseaux de neurones artificiels. Ces réseaux sont conçus pour imiter le fonctionnement du cerveau humain et sont capables d'apprendre de grandes quantités de données. Le Deep Learning permet aux machines de résoudre des problèmes complexes qui nécessitent un niveau d'abstraction élevé.

L'importance du Deep Learning dans le domaine de l'IA ne peut être sous-estimée. Il est à la base de nombreux systèmes d'IA que nous utilisons au quotidien. Maîtriser ce concept vous permettra de comprendre comment ces systèmes fonctionnent et vous donnera un avantage considérable dans votre future carrière. Il est essentiel pour l'avenir de l'IA et de la technologie, et sa compréhension vous permettra de rester à la pointe de ce domaine en évolution rapide.

Ces systèmes utilisent le Deep Learning pour analyser les comportements et les préférences des utilisateurs, en se basant sur les éléments qu'ils ont précédemment aimés, achetés ou regardés, ainsi que sur les comportements d'autres utilisateurs ayant des profils similaires.

Par exemple, si vous avez regardé plusieurs films d'action sur Netflix, le système de recommandation pourra prédire que vous êtes susceptible d'apprécier d'autres films de ce genre et vous les proposer. De même, si vous avez acheté un livre sur l'apprentissage automatique sur Amazon, le système peut recommander d'autres livres sur des sujets similaires.

Ces recommandations sont générées par des modèles de Deep Learning capables d'apprendre des représentations complexes des préférences des utilisateurs, permettant une personnalisation précise et pertinente.

L'application de Deep Learning dans les systèmes de recommandation est un parfait exemple de la manière dont cette technologie peut améliorer notre expérience en ligne, en rendant les services plus intuitifs, personnels et engageants. Cette personnalisation est possible grâce à la capacité du Deep Learning à apprendre et à comprendre les préférences et les comportements complexes des utilisateurs.

Une fois encore, cet exemple illustre l'importance du Deep Learning dans le paysage technologique actuel. Comprendre ces concepts vous ouvre un monde de possibilités pour créer et améliorer des technologies qui ont un impact concret sur la vie quotidienne de millions de personnes. Alors n'hésitez pas, continuez à apprendre et à explorer. Le futur de l'IA, avec le Deep Learning à sa base, est plein de promesses et d'opportunités excitantes.

Poursuivre votre formation dans l'IA et le Deep Learning est une démarche d'investissement dans votre avenir. Ce domaine ne cesse de croître et d'évoluer, offrant de nouvelles opportunités et défis. Alors continuez à apprendre, à explorer et à innover. Le futur de l'IA vous attend !

2.2.2 Les réseaux de neurones et leur fonctionnement

L'objectif de ce sous-chapitre est d'explorer et de comprendre les mécanismes sous-jacents des réseaux de neurones, un pilier central du Deep Learning. À la fin de cette section, vous serez en mesure de :

- Comprendre ce qu'est un réseau de neurones et comment il fonctionne.
- Identifier les différentes composantes d'un réseau de neurones.
- Appliquer ces connaissances pour interpréter les résultats d'un réseau de neurones.

Qu'est-ce qu'un réseau de neurones ?

Un neurone est une cellule nerveuse qui est la composante fondamentale du système nerveux. Il a trois parties principales :

1. *Le corps cellulaire (ou soma) :* C'est ici que se trouve le noyau de la cellule et c'est le lieu de la majorité des activités métaboliques de la cellule.

2. *Les dendrites* : Ce sont de courtes ramifications qui partent du corps cellulaire et reçoivent les signaux d'autres neurones.

3. *L'axone* : C'est une longue fibre qui transmet les signaux du corps cellulaire vers d'autres neurones.

La communication entre les neurones se fait par le biais de signaux électriques et chimiques. Lorsqu'un neurone reçoit un signal suffisamment fort via ses dendrites, il génère un signal électrique qui se propage le long de son axone. Ce signal atteint ensuite les extrémités de l'axone, où il déclenche la libération de substances chimiques appelées neurotransmetteurs. Ces neurotransmetteurs traversent un espace appelé synapse pour atteindre les dendrites du neurone suivant, transmettant ainsi l'information.

Ce mécanisme de fonctionnement des neurones biologiques a inspiré le concept de neurone artificiel et de réseau de neurones en intelligence artificielle. Ainsi, tout comme un neurone biologique reçoit des signaux d'autres neurones, les traite et les transmet à d'autres neurones, un neurone artificiel reçoit des données d'entrée, effectue des calculs sur ces données et transmet le résultat à d'autres neurones artificiels.

Cette inspiration tirée de la biologie humaine illustre parfaitement comment la compréhension de notre propre corps et de notre cerveau peut aider à la conception et à l'innovation dans le domaine de l'IA. En outre, cette intersection entre les sciences humaines et l'IA est un excellent exemple de l'importance de la collaboration interdisciplinaire pour la progression de notre société.

Comment fonctionne un réseau de neurones ?

Un réseau de neurones fonctionne en trois étapes principales :

1. *Propagation avant (feedforward)* : L'information traverse le réseau de l'avant vers l'arrière, de la couche d'entrée à la couche de sortie.

2. *Calcul de l'erreur* : L'erreur est calculée en comparant la sortie du réseau à la valeur attendue.

3. *Rétropropagation (backpropagation)* : L'erreur est propagée en arrière à travers le réseau, ce qui permet de mettre à jour les poids des connexions entre les neurones.

Voyons maintenant deux exemples pratiques pour mieux comprendre comment fonctionnent les réseaux de neurones.

Exemple 1 : Reconnaissance d'images

Un exemple classique d'application des réseaux de neurones est la reconnaissance d'images. Par exemple, un réseau de neurones peut être entraîné pour reconnaître des images de chats. Pour ce faire, le réseau est exposé à des milliers d'images de chats, et à chaque fois qu'il fait une prédiction, l'erreur est calculée et utilisée pour ajuster les poids du réseau. Avec le temps, le réseau "apprend" à reconnaître les caractéristiques qui définissent une image de chat.

Exemple 2 : Traduction automatique

Un autre exemple d'application des réseaux de neurones est la traduction automatique, comme celle utilisée par Google Translate. Dans ce cas, le réseau est formé sur des paires de phrases dans deux langues différentes. Après une formation intensive, le réseau est capable de traduire une phrase d'une langue à l'autre.

Ces deux exemples montrent la flexibilité et la puissance des réseaux de neurones pour résoudre des problèmes complexes. Cependant, il est important de noter que la conception et la formation d'un réseau de neurones nécessitent une expertise technique et une compréhension approfondie des principes sous-jacents.

Ainsi, comprendre les réseaux de neurones et leur fonctionnement est une compétence clé pour tout professionnel de l'IA. L'IA est en train de révolutionner le monde et en ayant une bonne compréhension de ses fondements, vous serez en mesure de participer activement à cette révolution. Alors, n'hésitez pas et continuez à apprendre. Le futur de l'IA, et donc votre futur, est rempli de défis et d'opportunités passionnantes!

2.3 Algorithmes couramment utilisés en IA

2.3.1 Les algorithmes de classification

L'objectif de cette sous-section est de vous permettre de comprendre les fondamentaux des algorithmes de classification, une branche importante du Machine Learning. À la fin de cette section, vous serez capable de comprendre :

- Comment fonctionnent les algorithmes de classification
- Comment choisir un algorithme de classification approprié en fonction du problème à résoudre
- Comment évaluer la performance d'un algorithme de classification

Un algorithme en informatique peut être compris comme une recette de cuisine. Tout comme une recette de cuisine fournit des instructions détaillées pour transformer des ingrédients bruts (les données d'entrée) en un plat fini (les données de sortie), un algorithme est un ensemble précis et bien défini d'instructions conçu pour accomplir une tâche spécifique ou résoudre un problème particulier. Par exemple, un algorithme pourrait être une série d'instructions pour trier une liste de nombres du plus petit au plus grand.

Il est important de noter que chaque algorithme est conçu pour résoudre un problème spécifique. Par exemple, certains algorithmes sont spécifiquement conçus pour trier des données, tandis que d'autres peuvent être utilisés pour rechercher des informations ou pour effectuer des calculs complexes. Les performances d'un algorithme sont généralement mesurées en termes de rapidité d'exécution (combien de temps il faut pour obtenir les résultats) et d'efficacité dans l'utilisation des ressources informatiques, comme la mémoire et la capacité de calcul.

<u>Un logiciel,</u> en revanche, est une application ou un programme qui utilise plusieurs algorithmes pour effectuer une série de tâches. Reprenant notre analogie de la recette de cuisine, si chaque algorithme est une recette, alors le logiciel serait le livre de cuisine tout entier. Un logiciel pourrait être un navigateur web, un système d'exploitation, un jeu vidéo ou un système de traitement de texte, par exemple.
Un logiciel utilise les algorithmes pour accomplir les tâches pour lesquelles il a été conçu. Par exemple, un logiciel de traitement de texte utilise des algorithmes pour vérifier l'orthographe, formater le texte, enregistrer des fichiers, et bien plus encore.
En somme, un algorithme est une série d'instructions pour résoudre un problème spécifique, tandis qu'un logiciel est un ensemble de tels algorithmes travaillant ensemble pour accomplir une variété de tâches.

La conception d'un algorithme comprend plusieurs étapes, y compris la définition du problème, la détermination de ce que seront les entrées et les sorties, la conception de l'algorithme lui-même (le déroulement des étapes à suivre) et enfin l'écriture du code informatique qui mettra en œuvre l'algorithme.

Par exemple, un algorithme pour trier une liste de nombres pourrait consister en ces étapes :
1. Comparez le premier nombre de la liste avec le deuxième nombre.
2. Si le premier nombre est plus grand que le deuxième, échangez leurs positions.
3. Continuez de cette manière jusqu'à la fin de la liste.
4. Répétez ce processus pour la totalité de la liste jusqu'à ce qu'aucun échange ne soit nécessaire. Cela signifie que la liste est triée.

Cet exemple simple illustre les principes fondamentaux de la conception d'un algorithme : il doit être clair (chaque étape est bien définie), fini (il se termine après un nombre fini d'étapes), et efficace (il fait le travail avec un minimum de ressources).

Concernant la création d'algorithmes, plusieurs langages de programmation peuvent être utilisés. Le choix du langage dépend souvent du contexte et de l'application.

Les langages comme Python, Java, C++, et JavaScript sont largement utilisés pour la création d'algorithmes.

De plus, des logiciels et des librairies spécifiques sont souvent utilisés pour aider à la conception, à l'implémentation et au test des algorithmes. Ces outils peuvent inclure des environnements de développement intégrés (IDE) comme Visual Studio, PyCharm, et Eclipse, ainsi que des librairies spécialisées pour certaines tâches, comme NumPy et SciPy pour le calcul scientifique en Python, ou sklearn pour la mise en œuvre d'algorithmes de machine learning.

Il est essentiel de souligner que l'écriture d'un algorithme est une compétence essentielle en informatique. Il ne s'agit pas seulement de coder, mais aussi de résoudre des problèmes et de penser de manière logique et structurée. L'acquisition de ces compétences est un investissement précieux pour votre avenir professionnel dans le domaine de l'IA. Alors, continuez à apprendre et à explorer, le monde des algorithmes est vaste et passionnant!

Les « algorithmes de classification » sont quant à eux un sous-ensemble d'algorithmes d'apprentissage supervisé qui sont conçus pour prédire les étiquettes de classe d'entrées spécifiques. En termes simples, ils classifient les entrées dans deux ou plusieurs catégories distinctes.

Exemple 1 : Détection de spam

Un exemple pratique d'utilisation des algorithmes de classification est la détection de spam dans les emails. Dans ce cas, l'algorithme est formé sur un ensemble de données d'emails déjà étiquetés comme "spam" ou "non-spam". Après l'apprentissage, il peut prédire la catégorie d'un nouvel email, aidant à filtrer les courriers indésirables. L'algorithme de classification k Bayes est souvent utilisé dans ce contexte.

Exemple 2 : Reconnaissance de l'écriture manuscrite

Un autre exemple d'utilisation des algorithmes de classification est la reconnaissance de l'écriture manuscrite. Un système d'apprentissage automatique peut être formé sur un ensemble d'images de chiffres écrits à la main, avec les étiquettes correspondantes. Une fois formé, le système peut prédire l'étiquette d'une nouvelle image de chiffre manuscrit. Prenons l'exemple de l'algorithme SVM (Support Vector Machines), utilisé fréquemment pour la reconnaissance de l'écriture manuscrite.

Le SVM fonctionne en traçant chaque image de chiffre manuscrit dans un espace à plusieurs dimensions (chaque dimension représentant un pixel de l'image). Par exemple, une image de 28x28 pixels serait représentée dans un espace à 784 dimensions, chaque pixel étant une caractéristique de l'image. L'algorithme SVM cherche alors à trouver l'hyperplan - une sorte de frontière - qui sépare au mieux les différentes classes de chiffres dans cet espace multidimensionnel.

La formation du SVM se fait en minimisant la distance entre cet hyperplan et les exemples d'entraînement les plus proches (appelés vecteurs de support), tout en maximisant la marge entre les différentes classes. Lorsqu'une nouvelle image de chiffre manuscrit est présentée, l'algorithme détermine de quel côté de l'hyperplan elle se situe et attribue l'étiquette de classe correspondante.

Dans le cas de la reconnaissance de l'écriture manuscrite, l'objectif est de reconnaître et de classer correctement les chiffres de 0 à 9. Par exemple, si une image de chiffre manuscrit est plus proche des images de "5" utilisées pour l'entraînement, l'algorithme SVM classera l'image comme un "5".

La précision de ce processus dépend de la qualité des exemples d'apprentissage fournis lors de l'entraînement de l'algorithme, ainsi que de la manière dont les données sont prétraitées. Par exemple, le fait de centrer et de normaliser les images d'entrée peut souvent améliorer les performances de l'algorithme.

Ces exemples illustrent comment les algorithmes de classification peuvent transformer la manière dont nous interagissons avec le monde numérique. Cependant, le choix de l'algorithme de classification à utiliser dépend de la nature du problème, de la qualité des données et de nombreux autres facteurs. Il est important de comprendre que l'apprentissage automatique n'est pas une solution unique pour tous les problèmes, mais plutôt un ensemble d'outils à disposition des informaticiens.

Cependant, en tant que consultant en intelligence artificielle, vous n'aurez généralement pas à écrire des codes pour les algorithmes d'IA. C'est une tâche qui est souvent réalisée par des ingénieurs en informatique ou des spécialistes du Machine Learning qui ont une formation technique plus approfondie. Cependant, il est très important de comprendre les principes fondamentaux des algorithmes, leur fonctionnement, et les implications de leur utilisation.

Pourquoi est-ce important? Comprendre le monde des algorithmes vous permet de dialoguer plus efficacement avec les consultants techniques. Vous pourrez mieux comprendre leurs défis et leurs préoccupations, traduire les exigences techniques en objectifs commerciaux et vice versa, et aider à prendre des décisions éclairées sur l'utilisation de l'IA dans votre organisation.

Par exemple, si vous comprenez comment fonctionne un algorithme SVM, vous pourrez mieux apprécier les ressources nécessaires pour son déploiement et son entraînement. Vous pourrez également avoir des discussions plus productives sur les problèmes de performances et de précision, et sur la manière dont ils peuvent affecter les résultats commerciaux.

En résumé, en tant que consultant en IA, votre rôle n'est pas d'écrire du code, mais de faire le pont entre le monde technique et le monde des affaires. La compréhension des algorithmes est un outil précieux pour remplir cette fonction.

2.3.2 Les algorithmes de régression

Le but de cette sous-section est de vous aider à comprendre l'essence des algorithmes de régression, un concept crucial dans le domaine de l'Intelligence Artificielle (IA) et du Machine Learning. Après avoir assimilé cette partie, vous serez capable de :

1. Définir ce qu'est un algorithme de régression.
2. Identifier des scénarios d'utilisation de la régression.

3. Comprendre le fonctionnement de base de ces algorithmes.

La regression est une méthode statistique qui cherche à établir une relation entre une variable dépendante (ou variable cible) et une ou plusieurs variables indépendantes (ou variables explicatives). Dans le contexte de l'IA, un algorithme de régression est un outil d'apprentissage supervisé qui nous permet de prédire une valeur continue, telle que le prix d'une maison, le salaire d'un employé ou le rendement d'une culture.

Rendons cela plus simple à travers quelques exemples d'illustration :

Exemple 1: Régression Linéaire

Considérez un scénario où vous essayez de prédire le prix d'une maison basé sur sa taille. Dans ce cas, vous utiliseriez probablement un algorithme de régression linéaire, qui suppose qu'il existe une relation linéaire entre la taille de la maison (variable indépendante) et son prix (variable dépendante). L'algorithme utilise les données d'entraînement pour apprendre les paramètres de cette relation linéaire et peut ensuite utiliser ces paramètres pour prédire le prix de nouvelles maisons basées sur leur taille.

Exemple 2: Régression Logistique

Dans un autre scénario, vous pourriez vouloir prédire la probabilité qu'un email soit du spam ou non, sur la base de caractéristiques telles que la présence de certains mots clés, la longueur de l'email, etc. Dans ce cas, vous pourriez utiliser la régression logistique, qui est un algorithme de régression utilisé pour la classification. Bien que son nom contienne le mot "régression", la régression logistique est largement utilisée pour la classification binaire, car elle prédit la probabilité qu'une observation appartienne à une catégorie particulière.

L'apprentissage des algorithmes de régression, qu'il s'agisse de régression linéaire, de régression logistique, ou d'autres types de régression, est un pas important dans votre parcours d'apprentissage de l'IA. Non seulement ces techniques sont parmi les plus largement utilisées dans le domaine, mais elles fournissent aussi les bases sur lesquelles de nombreux autres algorithmes et techniques de machine learning sont construits.

L'intelligence artificielle est une technologie de pointe qui transforme le monde à une vitesse fulgurante. Les algorithmes de régression, malgré leur apparente simplicité, jouent un rôle clé dans cette révolution. L'avenir appartient à ceux qui maîtrisent ces outils. C'est votre opportunité de faire partie de cette transformation globale. Alors, tenez bon, continuez à apprendre, car chaque pas que vous faites vous rapproche de votre objectif de devenir un expert en IA.

2.3.3 Les algorithmes de clustering

Le but de cette section est de vous familiariser avec le concept des algorithmes de clustering, une composante importante de l'Intelligence Artificielle (IA) et du Machine Learning. À la fin de cette lecture, vous serez en mesure de :

1. Comprendre ce qu'est le clustering et sa place dans l'IA.
2. Reconnaître des scénarios où le clustering serait applicable.
3. Appréhender le fonctionnement basique de ces algorithmes.

Le "clustering" est un mot anglais qu'on peut traduire par "regroupement". C'est comme si on voulait ranger des choses qui se ressemblent ensemble. En informatique, on utilise le "clustering" pour organiser des informations ou des données qui sont similaires.

On utilise un algorithme appelé K-means pour faire ce "clustering". Imaginez que vous avez un tas de points sur une carte et que vous voulez les regrouper en différents groupes. Voici comment ça marche :

1. *Centroïdes* : On commence par choisir un nombre 'K' de points au hasard sur la carte. On les appelle "centroides". Vous pouvez les imaginer comme des aimants.

2. *Distance euclidienne* : Ensuite, on mesure la distance entre chaque point et nos "aimants". On utilise souvent la "distance euclidienne", c'est un peu comme si vous tiriez une ligne droite entre deux points pour voir combien ils sont loin l'un de l'autre.

3. On attribue chaque point à l'aimant le plus proche. Ainsi, on commence à voir des groupes ou des "clusters" se former autour de chaque aimant.

4. Après cela, on déplace chaque aimant au centre de son groupe et on refait les mêmes étapes. On attribue à nouveau chaque point à l'aimant le plus proche et on déplace de nouveau chaque aimant au centre de son groupe.

5. On répète ces étapes jusqu'à ce que les aimants ne bougent presque plus. Cela signifie que nos groupes sont formés.

Donc, le "clustering" est un moyen de ranger des données en groupes similaires, les "centroides" sont comme des aimants qui attirent les points, la "distance euclidienne" est une façon de mesurer combien deux points sont loin l'un de l'autre, et les "clusters" sont les groupes que nous avons formés.K-means est largement utilisé dans de nombreux domaines de l'IA, y compris la reconnaissance de formes, l'analyse de données, la segmentation d'images et la recommandation de contenu. Cependant, il peut être sensible au choix initial des centroides et ne garantit pas de trouver l'optimum global dans tous les cas. Par conséquent, il est souvent exécuté plusieurs fois avec différentes initialisations pour améliorer les résultats.

Exemple 1: Clustering K-means dans le e-commerce

Supposons que vous dirigez un site web d'e-commerce vendant des vêtements. Vous disposez d'une base de données client avec des informations telles que l'âge, le sexe, les achats précédents, etc. Vous voulez segmenter vos clients en groupes distincts afin de pouvoir proposer à chaque groupe des promotions ciblées.

Ici, l'algorithme de clustering K-means peut être utile. Vous définissez un nombre "K" de clusters que vous souhaitez - disons 5 pour cet exemple. L'algorithme essaie ensuite de classer vos clients en 5 groupes, de sorte que les clients au sein de chaque groupe soient le plus similaires possible en termes de leurs attributs (âge, sexe, historique d'achat, etc.), tout en étant le plus dissimilaires possible des clients dans les autres groupes.

Une fois ce processus terminé, vous pourriez avoir un groupe de clients masculins plus âgés qui achètent souvent des costumes de haute qualité, un autre groupe de jeunes clientes qui préfèrent les vêtements décontractés, etc. Vous pouvez ensuite utiliser ces informations pour personnaliser les promotions et améliorer l'expérience d'achat de chaque groupe.

Exemple 2: Clustering hiérarchique dans l'analyse génomique ou « Cluster des Groupes de Gènes"

Imaginez maintenant que vous êtes un biologiste et que vous travaillez sur l'analyse de gènes. Vous avez une grande base de données de gènes différents, et vous voulez les regrouper en fonction de leur similarité - par exemple, en fonction de la séquence d'ADN ou de la fonction du gène.

Ici, vous pourriez utiliser le clustering hiérarchique. Cette méthode commence par traiter chaque gène comme un cluster distinct. Ensuite, elle trouve les deux gènes (ou clusters de gènes) les plus similaires et les regroupe en un nouveau cluster. Ce processus est répété jusqu'à ce que tous les gènes soient regroupés en un seul grand cluster.

La sortie de cet algorithme est souvent représentée sous forme d'un dendrogramme - un arbre qui montre comment les gènes (ou les clusters de gènes) ont été regroupés étape par étape. Cela peut vous aider à comprendre les relations entre différents gènes et à découvrir de nouveaux schémas dans vos données.

En comprenant le fonctionnement des algorithmes de clustering, vous pouvez déchiffrer des structures cachées dans les données et générer des insights précieux (les insights sont des découvertes ou observations importantes que vous pouvez faire à partir de vos données). N'oubliez pas, votre avenir professionnel pourrait dépendre de votre compréhension de ces techniques d'IA. Alors, restez motivé et continuez à apprendre !

Il est crucial d'apprendre et de comprendre les algorithmes de clustering, car ils sont largement utilisés dans des domaines variés allant du marketing au traitement de l'image en passant par la bio-informatique. Ces techniques offrent des moyens puissants de comprendre et de synthétiser de grandes quantités de données.

Le futur de notre monde est indéniablement lié à l'IA. En comprenant les algorithmes de clustering, vous vous positionnez à la pointe de cette révolution technologique. Chaque jour, chaque apprentissage vous rapproche de votre but : être un acteur clé de ce futur. L'apprentissage de l'IA est plus qu'une simple amélioration de vos compétences, c'est une manière de façonner l'avenir. Alors, persistez et continuez à apprendre.

2.4 Les outils et langages de programmation pour l'IA

Introduction

Le but de ce point est de vous aider à comprendre que, même si la programmation et la maîtrise de certains outils peuvent être nécessaires pour travailler avec l'IA, le champ est en constante évolution. L'IA tend vers une accessibilité toujours plus grande, ce qui signifie qu'avec le temps, la barrière technique devient de moins en moins importante. À la fin de cette lecture, vous comprendrez que l'avenir de l'IA est plus centré sur la créativité, la communication naturelle, et la capacité à utiliser efficacement les prompts, ces instructions courtes que l'on donne à l'IA pour guider ses réponses. Le codage pur n'est plus le seul élément essentiel dans ce domaine.

La première chose à comprendre est que l'IA n'est pas une discipline réservée aux personnes qui codent. Au contraire, elle s'ouvre de plus en plus aux non-programmeurs. Les outils et les interfaces sont devenus plus conviviaux, et beaucoup de travail est fait pour rendre les technologies d'IA accessibles à tous.

Prenons l'exemple de Google AutoML, un outil qui permet aux utilisateurs de former des modèles d'apprentissage automatique sans aucune connaissance en programmation. Il suffit de fournir les données, et l'outil fait le reste, c'est-à-dire choisir le meilleur modèle, l'entraîner, et même l'évaluer. Ce type d'outils montre bien la tendance actuelle : démocratiser l'accès à l'IA.

Par ailleurs, les prompts deviennent un moyen de plus en plus courant de donner des instructions à l'IA, facilitant ainsi l'interaction avec cette dernière. Ils jouent un rôle crucial dans la direction de l'IA vers des résultats spécifiques.

En parallèle, la recherche en IA se tourne de plus en plus vers l'apprentissage par renforcement, une méthode où l'IA apprend par l'expérience, un peu comme un être humain. Cette méthode pourrait réduire encore plus la barrière de programmation, puisque l'IA apprendrait par elle-même, sans avoir besoin de programmation explicite.

Votre avenir professionnel dépendra donc moins de votre capacité à coder, et plus de votre capacité à comprendre et utiliser intelligemment l'IA, notamment à travers l'utilisation efficace des prompts. C'est une bonne nouvelle ! L'IA offre des opportunités incroyables, que vous soyez développeur, chercheur, manager, designer, ou même artiste. Chaque profession pourra profiter des avantages de l'IA, et ce, quel que soit son niveau de compétence en programmation.

En conclusion, ne soyez pas intimidé par les aspects techniques de l'IA. Concentrez-vous sur l'apprentissage des concepts, sur la compréhension de la manière dont l'IA peut transformer votre domaine de travail, sur l'utilisation efficace des prompts, et sur le développement de votre créativité. Le monde de l'IA a besoin de diversité et d'idées nouvelles, et c'est là que vous pouvez faire une différence.

Mais comme le codage reste présent pour la conception des logiciels et que vous serez amené à communiquer avec des équipes techniques, il est nécessaire que vous ayiez une connaissance de base suffisante pour faciliter les échanges entre collaborateurs et donc pour avancer plus efficacement dans vos projets. Ainsi, nous allons abordez quelques langages pertinents en matière d'IA.

2.4.1 Le codage en informatique

Le codage, ou programmation informatique, est un processus qui permet de donner des instructions à un ordinateur. Il s'agit d'écrire des lignes de code dans un langage que l'ordinateur peut comprendre. Ces lignes de code, une fois exécutées par l'ordinateur, lui permettent d'effectuer des tâches spécifiques.

Par exemple, un code peut être utilisé pour créer un logiciel, une application, une page web, ou un jeu vidéo. Il peut indiquer à l'ordinateur comment traiter et afficher des informations, comment interagir avec l'utilisateur (par exemple, répondre à un clic de souris ou à une entrée de clavier), ou comment réaliser des opérations complexes comme les calculs mathématiques.

Les langages de codage sont très variés, chaque langage ayant ses propres règles (syntaxe) et ses spécificités. Certains sont plus adaptés à des tâches spécifiques que d'autres. Par exemple, HTML est souvent utilisé pour créer des pages web, tandis que Python est populaire pour le développement d'applications et l'analyse de données.

2.4.2 Python et ses bibliothèques pour l'IA

Le but de cette section est d'explorer le langage de programmation Python, ainsi que ses bibliothèques spécifiques qui sont essentielles pour le développement et la mise en œuvre de solutions d'IA. À la fin de cette lecture, vous devriez être capable de :

- Comprendre pourquoi Python est largement utilisé dans le domaine de l'IA.
- Identifier les principales bibliothèques Python pour l'IA.
- Comprendre comment ces bibliothèques sont utilisées dans le développement de l'IA.

Python est un langage de programmation de haut niveau créé par Guido van Rossum et lancé pour la première fois en 1991. Son objectif principal était de mettre l'accent sur la lisibilité du code et sur une syntaxe qui permet aux programmeurs d'exprimer des concepts en moins de lignes de code que possible. Aujourd'hui, Python est l'un des langages de programmation les plus populaires et est largement utilisé dans diverses applications allant du développement web au data mining, en passant par l'apprentissage automatique et l'intelligence artificielle.

Python a connu une croissance impressionnante, en grande partie grâce à sa simplicité et à sa facilité d'utilisation. Sa syntaxe claire et concise facilite l'apprentissage pour les débutants et permet aux développeurs expérimentés de se concentrer sur la résolution de problèmes plutôt que sur la compréhension du code.

Python est un langage de programmation flexible qui permet aux développeurs d'utiliser différentes approches pour résoudre des problèmes. Le codage en Python peut être réalisé de manière procédurale, orientée objet ou fonctionnelle, selon les besoins.

L'approche procédurale consiste à écrire des instructions dans un ordre séquentiel pour exécuter des actions spécifiques. L'approche orientée objet se concentre sur la création de "classes" qui regroupent des données et des fonctions liées, permettant ainsi de créer des objets réutilisables et modulaires. L'approche fonctionnelle met l'accent sur l'utilisation de fonctions indépendantes qui transforment des données en entrée pour produire une sortie.

Python offre également la possibilité d'utiliser des packages et des modules. Les packages sont des ensembles de modules qui regroupent des fonctionnalités liées, ce qui facilite l'organisation et la réutilisation du code. Les modules sont des fichiers contenant du code Python pouvant être importés dans d'autres programmes pour utiliser leurs fonctionnalités.

En résumé, Python permet aux développeurs de choisir la manière dont ils veulent aborder la résolution de problèmes, que ce soit de manière procédurale, orientée objet ou fonctionnelle. De plus, l'utilisation de packages et de modules favorise une meilleure organisation et une plus grande modularité du code.

En dehors de l'IA, Python est également utilisé dans divers autres domaines. Par exemple, il est largement utilisé dans le développement web, avec des frameworks populaires comme Django et Flask. Dans le domaine de l'analyse de données, des bibliothèques comme Pandas et Matplotlib rendent Python idéal pour l'analyse de données et la visualisation. De plus, Python est également populaire dans le développement de scripts et d'automatisations, le traitement de texte, et même le développement de jeux.

En apprenant à comprendre ces concepts, vous serez bien équipé pour communiquer dans le monde de l'intelligence artificielle et contribuer à l'avenir de cette technologie révolutionnaire.

<u>Il existe plusieurs bibliothèques populaires en Python pour l'intelligence artificielle (IA) et l'apprentissage automatique. Voici quelques-unes des principales bibliothèques :</u>

1. NumPy : NumPy est une bibliothèque fondamentale pour le calcul scientifique en Python. Elle fournit des structures de données de tableau multidimensionnel et des fonctions mathématiques pour manipuler ces

tableaux. NumPy est largement utilisé comme base pour de nombreuses autres bibliothèques d'IA.

2. Pandas : Pandas est une bibliothèque qui offre des structures de données et des outils d'analyse de données faciles à utiliser. Elle permet de manipuler, nettoyer et analyser des ensembles de données de manière efficace. Pandas est souvent utilisé pour la préparation des données avant l'entraînement des modèles d'IA.

3. TensorFlow : TensorFlow est une bibliothèque d'apprentissage automatique développée par Google. Elle est particulièrement populaire pour les applications de réseaux de neurones profonds. TensorFlow offre une grande flexibilité et une architecture puissante pour la conception, l'entraînement et le déploiement de modèles d'IA.

4. Keras : Keras est une bibliothèque d'apprentissage automatique haut niveau qui s'appuie sur TensorFlow. Elle facilite la création et l'expérimentation de réseaux de neurones grâce à une interface simple et intuitive. Keras permet de créer rapidement des modèles d'IA, en particulier pour des tâches de classification et de régression.

5. scikit-learn : scikit-learn est une bibliothèque d'apprentissage automatique très populaire et largement utilisée. Elle propose une large gamme d'algorithmes d'apprentissage supervisé et non supervisé, ainsi que des outils pour l'évaluation des modèles, la sélection des caractéristiques, la validation croisée, etc. scikit-learn est apprécié pour sa simplicité d'utilisation et sa documentation complète.

6. PyTorch : PyTorch est une bibliothèque d'apprentissage automatique développée par Facebook. Elle est principalement utilisée pour la recherche et le développement de modèles d'IA, notamment les réseaux de neurones profonds. PyTorch offre une approche dynamique du calcul, ce qui facilite le prototypage et le débogage des modèles.

Il convient de noter que cette liste n'est pas exhaustive et qu'il existe de nombreuses autres bibliothèques et outils Python pour l'IA. Le choix d'une bibliothèque dépend des besoins spécifiques du projet, de la familiarité avec la bibliothèque et des préférences personnelles.
Quelques exemples :

Exemple 1: Numpy

On peut imaginer un système pour recommander des films, un peu comme Netflix le fait. Pour ce faire, on a besoin d'une bibliothèque comme NumPy. Voici comment cela pourrait se passer étape par étape :

1. *Collection de données* : Au départ, on a besoin de données, par exemple les notes que les gens ont donné à différents films. C'est comme si chaque personne remplissait un formulaire pour chaque film qu'elle a vu.

2. *Organisation des données* : Une fois qu'on a ces notes, on doit les organiser pour qu'elles soient faciles à utiliser. C'est un peu comme ranger des livres sur une étagère. NumPy nous aide à le faire en plaçant toutes les notes dans des tableaux, qui ressemblent à de grandes feuilles de calcul.

3. *Trouver des personnes avec des goûts similaires* : Ensuite, on doit comparer les notes de chaque personne pour trouver des gens qui ont des goûts similaires. C'est comme trouver des personnes dans une salle de cinéma qui ont tous aimé le même film. NumPy peut nous aider à le faire rapidement et efficacement.

4. *Recommandation de films* : Maintenant, on peut utiliser ces comparaisons pour recommander des films. Par exemple, si Alice et Bob ont aimé les mêmes films, et

Alice a aimé un film que Bob n'a pas encore vu, on peut le suggérer à Bob.

5. *Évaluer le succès du système* : Enfin, on veut savoir si nos recommandations sont bonnes. C'est comme demander à Bob si le film qu'on lui a suggéré lui a plu. Pour le faire de manière systématique, on utilise des mesures spéciales que NumPy peut nous aider à calculer.

Avec NumPy, on peut donc construire un système de recommandation de films très efficace. Et ce n'est qu'un exemple parmi tant d'autres : on peut utiliser NumPy pour beaucoup d'autres projets qui nécessitent de travailler avec beaucoup de données.
Bien sûr, je vais simplifier et ajouter des explications à cet exemple.

Exemple 2: TensorFlow

On peut imaginer un projet où on utilise TensorFlow pour aider un ordinateur à reconnaître différents animaux sur des photos. Voici comment cela pourrait se passer étape par étape :

1. *Collection de photos* : Tout d'abord, on a besoin d'un tas de photos d'animaux différentes, avec un petit mot qui dit quel animal est sur chaque photo.

2. *Préparation des photos* : Ensuite, on doit préparer ces photos pour qu'elles soient prêtes à être utilisées. On doit parfois les rendre plus petites, ou ajuster les couleurs. TensorFlow nous aide à faire tout cela.

3. *Construction du modèle* : Après ça, on utilise TensorFlow pour créer un modèle d'apprentissage. C'est comme donner à l'ordinateur un guide pour savoir comment regarder les photos et quels détails rechercher pour différencier les animaux.

4. *Entraînement du modèle* : Une fois le guide en place, on fait apprendre à l'ordinateur en lui montrant les photos d'animaux qu'on a collectées. L'ordinateur ajuste et améliore son guide à chaque nouvelle photo qu'il voit.

5. *Test du modèle* : Pour voir si le guide de l'ordinateur est bon, on teste l'ordinateur avec de nouvelles photos d'animaux pour voir s'il peut correctement identifier les animaux. TensorFlow nous aide à calculer comment notre modèle performe.

6. *Utilisation du modèle* : Maintenant que l'ordinateur a appris à reconnaître les animaux sur les photos, on peut l'utiliser pour identifier les animaux sur de nouvelles photos qu'il n'a jamais vues auparavant.

En résumé, TensorFlow est un outil très utile qui nous aide à préparer nos photos, à créer un guide pour l'ordinateur, à entraîner l'ordinateur à l'aide de ce guide, à tester la qualité du guide et enfin à utiliser ce guide pour identifier les animaux sur de nouvelles photos.Ce n'est qu'un exemple parmi de nombreuses possibilités d'utilisation de TensorFlow. La bibliothèque est utilisée dans divers domaines tels que la vision par ordinateur, le traitement du langage naturel, la reconnaissance vocale et bien d'autres applications d'intelligence artificielle.

Bref, le choix de Python et de ses bibliothèques spécialisées comme outils de développement pour l'IA n'est pas anodin. La compréhension de l'importance de Python et de ses bibliothèques pour l'IA est un aspect crucial de votre formation. Donc, ne manquez pas l'occasion d'apprendre et de vous améliorer, car le futur de l'IA est dans vos mains.

Pour ceux qui voudraient approfondir ce point, je vous recommande quelques ouvrages intéressants:

1. "Python pour les Nuls" par John Paul Mueller : C'est un excellent point de départ pour les débutants en Python. Il couvre les concepts de base de la programmation Python

et offre un aperçu complet pour ceux qui débutent dans ce domaine.

2. "Apprendre à programmer avec Python 3" par Gérard Swinnen : Un livre d'introduction à la programmation avec Python. Il est très apprécié pour sa clarté et sa pédagogie.

3. "Programmer en Python" par Luciano Ramalho : Ce livre est pour ceux qui ont déjà une bonne compréhension des bases de Python et qui veulent approfondir leurs connaissances. Il couvre des concepts plus avancés et donne un aperçu approfondi du langage.

2.4.3 Autres outils et langages utilisés en IA

Outre Python, il existe de nombreux autres outils et langages de programmation qui sont couramment utilisés dans le domaine de l'IA. Parmi ceux-ci, R, Java, C++, et Julia sont particulièrement remarquables.

Bien sûr, je vais élargir le point sur le langage de programmation R :

1. *R* : R est un langage de programmation qui est particulièrement apprécié par les statisticiens, les data scientists et tous ceux qui travaillent avec des données de

manière régulière. Il est conçu spécifiquement pour l'analyse statistique et la visualisation de données, deux composantes essentielles du travail en intelligence artificielle. L'un des atouts majeurs de R est son grand nombre de packages, ou extensions de fonctionnalités. Ces packages, créés par la vaste communauté d'utilisateurs de R, couvrent un éventail incroyable de fonctions. Certains sont conçus pour des analyses statistiques très spécifiques, tandis que d'autres offrent des outils pour l'apprentissage automatique, la visualisation de données avancée, le nettoyage de données, et plus encore. Par exemple, le package "randomForest" est souvent utilisé pour construire des modèles d'apprentissage automatique basés sur l'algorithme de la forêt aléatoire, un algorithme de classification populaire. De plus, R est un langage de haut niveau, ce qui signifie qu'il est relativement facile à lire et à écrire. Cela rend le code R plus accessible, même pour ceux qui ne sont pas des programmeurs de formation. Enfin, R est souvent utilisé en conjonction avec Python, un autre langage de programmation très utilisé dans le domaine de l'IA. Les deux langages ont leurs propres forces et sont souvent utilisés ensemble dans un même projet. Par exemple, on peut utiliser R pour effectuer des analyses statistiques complexes et Python pour construire et entraîner des modèles de machine learning. Pour toutes ces raisons, R est un langage de programmation de choix pour beaucoup de professionnels travaillant dans le domaine de l'intelligence artificielle.

2. *Java* : En raison de sa polyvalence et de sa compatibilité avec de nombreuses plates-formes, Java est souvent utilisé pour développer des applications d'IA à grande échelle. De plus, Java offre une excellente prise en charge pour le traitement naturel du langage (NLP) et les moteurs de recherche.

3. *C++* : C++ est un langage de programmation à usage général qui est utilisé dans l'IA, surtout lorsqu'une exécution rapide est cruciale. Il est souvent utilisé pour la programmation de systèmes d'IA intégrés et de jeux, où la performance est un élément clé.

4. *Julia* : Julia est un langage de programmation de haut niveau et de haute performance pour la science des données. Il offre un avantage significatif en termes de performance par rapport à Python et R, tout en conservant la facilité d'utilisation et la lisibilité du code.

Au fur et à mesure de votre apprentissage, vous remarquerez qu'il n'existe pas de "meilleur" langage de programmation pour l'IA. Chaque langage a ses propres forces. Cela dit, n'oubliez pas que votre apprentissage est un investissement pour l'avenir. En maîtrisant l'IA, non seulement vous vous préparez à la prochaine révolution technologique, mais vous vous positionnez également pour des opportunités professionnelles passionnantes et enrichissantes.

Allez, poursuivez votre voyage dans le fascinant monde de l'IA. Chaque concept que vous apprenez, chaque compétence que vous développez, vous rapproche de votre objectif de maîtrise de l'IA. Et n'oubliez pas : le plus grand voyage commence toujours par un petit pas. Alors, continuez à apprendre, continuez à grandir, et surtout, continuez à rêver. L'avenir vous attend !

Et si vous désirez approfondir votre connaissance de ces langages, voici quelques livres intéressants :

1. R :

  - "R pour les débutants" par Emmanuel Paradis. C'est un excellent livre pour ceux qui commencent tout juste à apprendre R.

  - "Analyses statistiques avec R" par Bruno Falissard. C'est un excellent livre pour comprendre l'analyse statistique avec R.

2. Java :

  - "Programmer en Java" par Claude Delannoy. Ce livre est idéal pour ceux qui débutent en programmation Java.

- "Java et l'Intelligence Artificielle : Développez un système expert avec Clips" par Franck Nguyen. Ce livre explore l'utilisation de Java pour le développement de systèmes experts.

3. C++ :

 - "Programmer en langage C++" par Claude Delannoy. C'est un guide complet qui introduit le lecteur aux principes de base de la programmation en C++.

 - "Programmation C++" par Jesse Liberty. Ce livre vous introduit à la programmation orientée objet avec C++.

4. Julia :

 - "Julia pour les développeurs : Guide pratique pour le langage de programmation Julia" par Zacharias Voulgaris. C'est l'un des rares livres en français disponibles sur le langage de programmation Julia.

2.4.4 Les prompts en IA : une communication à maîtriser

Un aspect important de l'IA, qui se distingue du codage traditionnel, est l'utilisation de prompts. Ce terme désigne les instructions ou les indications que nous donnons à un modèle d'IA pour orienter sa réponse ou son action. Vous les rencontrez souvent avec des modèles basés sur le langage, comme GPT-3+ d'OpenAI ou ChatGPT. En IA, le prompt est un moyen de communiquer avec le modèle, une sorte de question ou de demande que vous faites à l'IA.

La différence entre l'utilisation de prompts et le codage traditionnel est significative. En codage, vous écrivez des instructions spécifiques pour dire à la machine exactement quoi faire à chaque étape. En revanche, avec un prompt, vous fournissez une indication ou une consigne, et c'est au modèle d'IA, basé sur ce qu'il a appris pendant sa formation, de décider de la meilleure réponse ou action à entreprendre.

Les prompts sont utiles pour guider l'IA et pour obtenir des réponses spécifiques sans avoir à écrire de code complexe. Ils sont une forme de communication naturelle avec l'IA, ce qui les rend plus accessibles pour les non-programmeurs.

Rédiger des prompts efficaces est un art. Le secret est d'être aussi clair et précis que possible. En effet, les modèles d'IA répondent à ce qu'on leur demande et non à ce qu'on voudrait qu'ils comprennent. Par exemple, au lieu de demander à GPT-3 "Dis-moi quelque chose", qui est vague, il est préférable de préciser ce que vous voulez savoir, comme "Dis-moi quelque chose sur l'histoire de la Rome antique".

Un bon prompt donne également un contexte, en précisant par exemple le format de réponse souhaité. Par exemple, "Donne-moi une liste de tous les présidents des États-Unis, en commençant par le plus récent" est plus efficace que "Qui a été président des États-Unis ?".

Un prompt mal formulé pourrait être "Dis-moi ce que tu sais". Ici, le problème est le manque de précision. Un meilleur prompt pourrait être "Raconte-moi l'histoire de l'ordinateur".

Comme le domaine de l'IA évolue, la capacité à rédiger des prompts efficaces devient de plus en plus importante. Cette compétence vous aidera à tirer le meilleur parti des modèles d'IA, à faciliter la communication et à créer des interactions significatives.

Partie 3: Applications de l'IA dans le monde des affaires

3.1 IA dans le marketing et les ventes

3.1.1 Personnalisation du marketing

Au coeur de cette section, notre objectif est d'explorer comment l'IA s'inscrit dans le monde du marketing et des ventes, plus spécifiquement à travers la personnalisation du marketing. En fin de lecture, vous serez capable de comprendre comment l'IA contribue à une expérience marketing personnalisée, à identifier les techniques et les technologies pertinentes, et à envisager comment vous pouvez utiliser ces connaissances dans votre propre contexte.

L'IA a radicalement changé la manière dont les entreprises abordent le marketing. Elle a ouvert la voie à des interactions plus pertinentes et personnalisées avec les clients, rendant ainsi le marketing plus efficace et efficient. Vous vous demandez comment ? Nous allons explorer deux exemples concrets.

1. Recommandations de produits : Amazon, le géant du commerce en ligne, utilise l'IA pour recommander des

produits aux clients en fonction de leur historique d'achat et de navigation. L'algorithme recueille et analyse les données pour prédire ce que les clients pourraient vouloir acheter ensuite. L'efficacité de ce système a conduit à une augmentation significative des ventes.

2. Publicité ciblée . Facebook, le géant des réseaux sociaux, utilise l'IA pour afficher des publicités ciblées. L'algorithme analyse les intérêts, les interactions et le comportement en ligne des utilisateurs pour afficher des publicités qui correspondent à leurs préférences. Cela permet à Facebook de fournir une grande valeur à ses annonceurs tout en conservant l'engagement des utilisateurs.

Ces exemples démontrent clairement comment l'IA permet aux entreprises de personnaliser leur marketing pour répondre aux besoins et aux intérêts spécifiques de chaque client. Mais comment cela fonctionne-t-il exactement ? Cela repose sur le traitement de grandes quantités de données et l'apprentissage automatique.

L'IA analyse les données disponibles sur le comportement et les préférences des clients pour identifier des tendances et des modèles. Ces informations sont ensuite utilisées pour prédire les comportements futurs et personnaliser les interactions marketing. Cette approche personnalisée augmente l'efficacité du marketing en atteignant les bonnes personnes avec le bon message au bon moment.

L'IA est une force transformatrice qui change la façon dont nous faisons des affaires. Non seulement elle permet une plus grande efficacité et précision dans le marketing, mais elle ouvre également de nouvelles opportunités pour l'innovation et la compétitivité. Plus que jamais, c'est le moment de se lancer dans l'apprentissage de l'IA. Elle façonne l'avenir du monde et offre des opportunités sans précédent pour ceux qui sont prêts à s'adapter et à évoluer.

D'ailleurs, une formation comme celle que vous suivez actuellement, peut vous aider à tirer parti de ces opportunités. En comprenant les fondements et les applications de l'IA, vous pouvez vous positionner à la pointe de cette révolution technologique et ouvrir de nouvelles possibilités pour votre carrière ou votre entreprise.

3.1.2 Automatisation des ventes

L'objectif de cette section est d'explorer comment l'IA influence et améliore les processus de vente en les automatisant. À la fin de cette lecture, vous serez capable de comprendre comment l'IA facilite l'automatisation des ventes, les avantages qu'elle apporte et comment vous pouvez l'exploiter dans votre propre contexte d'affaires.

L'IA a révolutionné de nombreux aspects des affaires, y compris les ventes. En automatisant des tâches autrefois manuelles et laborieuses, elle permet aux équipes de vente de se concentrer sur ce qui est vraiment important : créer des relations significatives avec les clients et augmenter les ventes. Voyons deux exemples de cette transformation.

1. Chatbots pour le service à la clientèle : Les chatbots, alimentés par l'IA, peuvent gérer des tâches simples comme répondre à des questions fréquemment posées ou aider les clients à naviguer sur un site web. Cela libère du temps pour les représentants de vente pour se concentrer sur des interactions plus significatives avec les clients.

2. Analyse prédictive pour le ciblage des ventes : L'IA peut analyser des volumes massifs de données pour prédire le comportement des clients, permettant aux équipes de vente de cibler leurs efforts de manière plus efficace. Par exemple, en identifiant les clients les plus susceptibles d'acheter un certain produit, les vendeurs peuvent

concentrer leurs efforts sur ces clients, augmentant ainsi l'efficacité des ventes.

Pour comprendre comment cela fonctionne, il est utile d'explorer le rôle des données et de l'apprentissage automatique. Les algorithmes d'IA peuvent apprendre de grandes quantités de données et identifier des tendances et des modèles. Ces informations peuvent ensuite être utilisées pour automatiser des tâches, améliorer la précision des prédictions et faciliter des interactions personnalisées avec les clients.

L'automatisation des ventes par l'IA offre plusieurs avantages. Elle permet une plus grande efficacité en libérant du temps pour les représentants de vente. Elle améliore également la précision des prédictions et la personnalisation des interactions avec les clients. En bref, l'IA peut transformer les ventes en rendant les processus plus efficaces et plus personnalisés.

Dans un monde de plus en plus numérique, l'IA a un rôle crucial à jouer. Elle a le potentiel de façonner l'avenir des affaires et offre des opportunités considérables pour ceux qui sont prêts à embrasser cette technologie. Votre engagement à poursuivre cette formation en IA vous positionne à la pointe de cette révolution technologique. Cela peut ouvrir de nouvelles possibilités pour votre carrière ou votre entreprise et vous permettre de naviguer avec succès dans le paysage des affaires en constante évolution.

L'IA est plus qu'une simple tendance technologique, c'est une révolution qui façonne notre avenir. En maîtrisant l'IA, vous vous donnez les moyens de façonner cet avenir et d'exploiter son potentiel pour votre propre bénéfice. Alors, pensez à votre certification ! Continuez votre formation et embrassez l'avenir de l'IA !

3.2 IA dans les opérations

3.2.1 Automatisation des processus

Le but de cette section est d'explorer comment l'intelligence artificielle est utilisée pour automatiser les processus opérationnels dans les entreprises. Après avoir lu ce passage, vous comprendrez comment l'IA peut être utilisée pour automatiser les tâches, optimiser les processus, améliorer l'efficacité et augmenter la productivité.

L'automatisation des processus grâce à l'IA est devenue une tendance majeure dans le monde des affaires, car elle permet d'améliorer l'efficacité, de réduire les coûts et d'améliorer la précision des opérations. Voyons deux exemples concrets.

1. Automatisation Robotique des Processus (RPA) : Le RPA est une technologie qui utilise des robots logiciels pour automatiser des tâches répétitives et basées sur des règles qui étaient auparavant effectuées par des humains. Par exemple, dans un service de comptabilité, un robot peut être programmé pour saisir des factures dans un système, vérifier les erreurs et envoyer des rappels de paiement.

2. Prévision de la demande : Les entreprises utilisent l'IA pour analyser les données historiques et prédire la demande future pour leurs produits ou services. Cela aide les entreprises à gérer leur inventaire, à planifier leur production et à optimiser leur chaîne d'approvisionnement.

L'IA, par le biais de l'apprentissage automatique et de l'analyse de données, peut identifier les modèles dans les données et faire des prédictions précises. Ces prédictions peuvent ensuite être utilisées pour automatiser les processus opérationnels, tels que la planification de la production ou la gestion de l'inventaire.

L'un des aspects les plus puissants de l'intelligence artificielle est sa capacité à recueillir, analyser et interpréter les données provenant de diverses sources. Cela peut être réalisé grâce à plusieurs techniques. Tout d'abord, les APIs (Application Programming Interfaces) permettent à différents logiciels de communiquer entre eux et de partager des données. Par exemple, une entreprise pourrait avoir un logiciel de gestion de la relation client (CRM) qui stocke les informations sur les clients, un autre logiciel pour la gestion des stocks, et un autre encore pour la comptabilité. Grâce aux APIs, ces logiciels peuvent partager des informations, créant ainsi une image complète de l'entreprise.

De plus, l'IA peut être utilisée pour extraire des informations à partir de sources non structurées comme des documents texte, des courriels, des pages web et même des enregistrements audio et vidéo grâce à des techniques telles que l'analyse du langage naturel et la reconnaissance d'images.

Une fois ces données collectées et structurées, elles peuvent être analysées à l'aide de l'apprentissage automatique et d'autres techniques d'IA pour obtenir des insights précieux. Par exemple, une entreprise pourrait utiliser l'IA pour analyser les données de ventes passées, identifier les tendances et les modèles, et ensuite faire des prédictions précises sur les ventes futures. Ces informations peuvent ensuite être utilisées pour prendre des décisions éclairées sur tout, de la production à la tarification et au marketing.

En fin de compte, l'utilisation efficace de l'IA pour analyser les données peut aider une entreprise à répondre à des questions critiques, à résoudre des problèmes, à identifier des opportunités et à prendre des décisions plus éclairées et basées sur des données. C'est un domaine passionnant et en constante évolution, et c'est une compétence de plus en plus précieuse dans le monde des affaires d'aujourd'hui.

Cela peut sembler complexe, mais ne vous inquiétez pas, vous êtes en train d'apprendre les bases et vous êtes sur la bonne voie pour maîtriser ces concepts. Rappelez-vous, l'IA n'est pas une mode passagère, elle est là pour rester et elle façonne déjà l'avenir du monde des affaires.

Ainsi, vous vous préparez à une carrière future dans un domaine en pleine croissance. Plus vous comprendrez l'IA, plus vous serez en mesure de tirer parti de ses avantages dans votre carrière ou votre entreprise. Ce point du syllabus est particulièrement important car il vous offre une compréhension concrète de comment l'IA peut améliorer l'efficacité des opérations.

Enfin, à travers cette formation, vous acquerrez des compétences précieuses qui seront de plus en plus demandées à mesure que de plus en plus d'entreprises adopteront l'IA. Alors, continuez à apprendre et à explorer. Votre détermination et votre persévérance vous mèneront à la réussite dans le monde fascinant de l'IA. Bonne continuation dans votre voyage d'apprentissage avec l'IA !

3.2.2 Optimisation de la chaîne d'approvisionnement

La chaîne d'approvisionnement est l'un des aspects les plus cruciaux de toute entreprise. Une gestion efficace de la chaîne d'approvisionnement peut améliorer l'efficacité opérationnelle, réduire les coûts et améliorer la satisfaction client. Grâce à l'IA, nous avons maintenant les moyens d'optimiser nos chaînes d'approvisionnement à un niveau que nous n'aurions jamais pu atteindre auparavant.

A la fin de ce chapitre, vous serez capable de comprendre comment l'IA peut être utilisée pour optimiser la chaîne d'approvisionnement, depuis la prévision de la demande jusqu'à la logistique en passant par la gestion des stocks. De plus, vous comprendrez comment ces technologies peuvent aider à résoudre des problèmes réels auxquels sont confrontées de nombreuses entreprises.

Exemples pratiques

Prenons deux exemples concrets :

1. *Prévision de la demande* : Amazon, le géant du commerce électronique, utilise l'IA pour prédire la demande de produits spécifiques. En utilisant l'apprentissage automatique et l'analyse de données, Amazon peut anticiper les fluctuations de la demande et ajuster en conséquence ses stocks et ses opérations logistiques.

2. Logistique : DHL, l'une des plus grandes entreprises de logistique au monde, utilise l'IA pour optimiser ses itinéraires de livraison. En tenant compte de divers facteurs tels que le trafic, la météo et les délais de livraison, l'IA peut aider à déterminer l'itinéraire le plus efficace pour les chauffeurs.

Allons plus loin dans ces exemples. L'IA, en prévision de la demande, utilise une combinaison de données historiques, de tendances saisonnières et de facteurs externes pour prévoir la demande future. Cela permet non seulement de réduire les coûts liés au surstockage, mais aussi d'éviter les ruptures de stock qui pourraient nuire à la satisfaction des clients.

Dans le domaine de la logistique, l'IA va au-delà de la simple détermination de l'itinéraire le plus rapide. Elle peut également aider à optimiser la capacité de chargement des véhicules, à programmer les heures de départ pour éviter les embouteillages et à prévoir les délais de livraison avec une précision accrue. Toutes ces optimisations se traduisent par des économies de temps et d'argent, et une meilleure expérience pour le client.

Maintenant, vous vous demandez peut-être : "Quel est l'intérêt de tout cela pour moi ?" La réponse est simple : l'IA est en train de transformer le monde des affaires dans de nombreux domaines, et la maîtrise de ces outils peut vous ouvrir de nombreuses portes. En comprenant comment l'IA peut être appliquée pour résoudre des problèmes concrets, vous vous positionnez en tant que professionnel réaliste et adaptable, capable de conduire le changement et de mener votre entreprise (ou future entreprise) vers le futur. Alors, restez motivé et vous motiverez vos futurs clients !

Conclusion

L'optimisation de la chaîne d'approvisionnement grâce à l'IA est une réalité aujourd'hui. Grâce à des outils de prévision de la demande et d'optimisation logistique, les entreprises peuvent réduire leurs coûts, améliorer leur efficacité et offrir une meilleure expérience à leurs clients. Dans la prochaine section, nous explorerons d'autres applications de l'IA dans les opérations. Restez avec nous, car chaque nouveau concept que vous apprenez vous rapproche de votre objectif.

3.3 IA dans la finance

3.3.1 Détection de la fraude

La finance est un secteur où l'IA a le potentiel de faire une différence majeure. Un de ces domaines d'application est la détection de la fraude. Les systèmes financiers et bancaires sont souvent la cible de tentatives de fraude sophistiquées. Ainsi, l'IA joue un rôle essentiel pour aider à détecter et à prévenir ces activités frauduleuses.

À la fin de ce chapitre, vous comprendrez comment l'IA est utilisée pour détecter la fraude dans le secteur financier. Vous serez également en mesure de comprendre comment les algorithmes d'apprentissage automatique peuvent apprendre à identifier des schémas de comportement inhabituels qui pourraient indiquer une activité frauduleuse.

Exemples pratiques

Pour illustrer cela, prenons deux exemples concrets :

1. *Détection de la fraude à la carte de crédit* : MasterCard utilise l'IA pour surveiller en temps réel des millions de transactions par minute. L'IA est capable de détecter les

schémas inhabituels qui pourraient indiquer une utilisation frauduleuse d'une carte de crédit.

2. *Prévention de la fraude en ligne* : PayPal utilise l'IA pour détecter les activités frauduleuses sur sa plateforme. Par exemple, si un compte envoie soudainement un grand nombre de paiements à un autre compte, l'IA peut marquer cette activité comme suspecte.

Approfondissons un peu ces exemples. Dans le cas de la détection de la fraude à la carte de crédit, l'IA utilise l'apprentissage automatique pour analyser les habitudes de dépenses d'un client. Si un achat est effectué qui ne correspond pas aux habitudes habituelles du client, l'IA peut alors signaler cette transaction comme potentiellement frauduleuse.

En ce qui concerne la prévention de la fraude en ligne, l'IA utilise une combinaison de techniques d'apprentissage automatique et de réseaux de neurones pour identifier les schémas de comportement frauduleux. Ces techniques peuvent être utilisées pour détecter des comportements tels que la création de nombreux comptes à partir de la même adresse IP ou l'utilisation de cartes de crédit volées.

Vous pourriez vous demander : "Pourquoi est-ce important pour moi ?" L'IA est déjà en train de transformer le secteur financier, et ces compétences sont de plus en plus demandées. Que vous souhaitiez travailler dans ce secteur ou simplement comprendre comment l'IA peut être utilisée pour résoudre des problèmes complexes, la connaissance de ces applications est une compétence précieuse. C'est une raison majeure pour laquelle vous devriez rester engagé et continuer à apprendre.

Conclusion

La détection de la fraude est un domaine essentiel dans lequel l'IA fait déjà une différence. En comprenant comment fonctionnent ces systèmes, vous pouvez vous préparer à une carrière dans un secteur en constante évolution. Dans la prochaine section, nous explorerons d'autres applications de l'IA dans la finance. N'oubliez pas, chaque nouvelle compétence que vous apprenez vous rapproche de votre objectif de maîtrise de l'IA, ce qui est essentiel pour votre avenir professionnel.

3.3.2 Investissements guidés par l'IA

Les investissements guidés par l'IA sont en train de révolutionner l'industrie financière. Grâce à sa capacité à analyser d'énormes quantités de données et à faire des prédictions précises, l'IA est devenue un outil précieux pour les investisseurs.

À la fin de ce chapitre, vous aurez une compréhension de base de comment l'IA est utilisée dans l'investissement, et vous serez capable de discuter de ses avantages et défis. Vous comprendrez également comment les algorithmes peuvent aider à prendre des décisions d'investissement plus éclairées.

Exemples pratiques

Pour mieux illustrer, voici deux exemples pratiques :

1. Fonds d'investissement géré par l'IA : Bridgewater Associates, l'un des plus grands hedge funds du monde, utilise l'IA pour faire des prédictions sur le marché et guider leurs décisions d'investissement.

2. Plateformes de conseil en investissement basées sur l'IA : Betterment et Wealthfront sont des exemples de robo-advisors qui utilisent l'IA pour proposer des stratégies d'investissement personnalisées à leurs utilisateurs.

Dans le cas des fonds d'investissement gérés par l'IA, l'algorithme analyse une multitude de données financières pour identifier les tendances et les schémas du marché.

Ces informations sont ensuite utilisées pour prédire les mouvements futurs du marché et guider les décisions d'investissement.

Pour ce qui est des plateformes de conseil en investissement basées sur l'IA, l'algorithme prend en compte les objectifs financiers de l'utilisateur, son aversion au risque et d'autres facteurs personnels pour proposer une stratégie d'investissement. En s'appuyant sur une analyse constante des données du marché, ces plateformes peuvent adapter leur conseil en fonction des évolutions du marché.

Le secteur financier a toujours été à la pointe de l'adoption de nouvelles technologies et l'IA ne fait pas exception. En comprenant comment l'IA est utilisée pour guider les investissements, vous pouvez non seulement vous préparer pour une carrière dans la finance, mais aussi utiliser ces connaissances pour informer vos propres décisions d'investissement. Ainsi, la connaissance de ces applications est une compétence précieuse qui donne à ceux qui la possèdent un avantage dans un monde de plus en plus axé sur les données.

Conclusion

L'IA a le potentiel de transformer le secteur financier, et comprendre comment elle est utilisée pour guider les investissements est une compétence clé pour quiconque souhaite travailler dans ce domaine. Comme l'a démontré ce chapitre, l'IA peut aider à prendre des décisions d'investissement plus éclairées en analysant d'énormes quantités de données et en identifiant des schémas que les humains pourraient ne pas voir.

De plus, l'IA peut offrir une automatisation efficace des processus d'investissement. Cela signifie non seulement une augmentation de l'efficacité, mais aussi une réduction des erreurs humaines qui peuvent survenir dans les transactions financières. Par conséquent, l'utilisation de l'IA dans le secteur financier peut améliorer la précision des transactions, réduire le risque et augmenter le potentiel de rentabilité des investissements.

3.4 IA dans les ressources humaines

3.4.1 Recrutement assisté par l'IA

La fonction de recrutement est un élément essentiel des ressources humaines, et l'IA joue un rôle de plus en plus important dans ce domaine. L'IA permet d'automatiser et d'optimiser les processus de recrutement, en facilitant la recherche des meilleurs talents pour votre organisation.

À la fin de ce chapitre, vous serez en mesure de comprendre comment l'IA est utilisée pour aider les organisations à recruter de manière plus efficace et à attirer des talents de qualité. Vous pourrez également explorer les implications éthiques et les considérations liées à l'utilisation de l'IA dans le processus de recrutement.

Exemples pratiques

Voici deux exemples pratiques de la façon dont l'IA est utilisée dans le recrutement :

1. *Systèmes de suivi des candidatures (ATS)* : Ces systèmes utilisent l'IA pour analyser les CV, repérer les compétences clés et même évaluer la compatibilité

culturelle, aidant ainsi les recruteurs à identifier les candidats les plus prometteurs.

2. *Entretiens vidéo automatisés* : Des plateformes comme HireVue utilisent l'IA pour analyser les entretiens vidéo, évaluant non seulement le contenu verbal mais aussi les expressions faciales et le langage corporel.

Dans les systèmes de suivi des candidatures, l'IA est utilisée pour analyser les informations contenues dans les CV. Elle peut rechercher des mots clés spécifiques, comparer les qualifications des candidats à celles requises pour le poste et même prévoir la performance future d'un candidat. Cela peut aider les recruteurs à trier rapidement un grand nombre de candidatures et à identifier les plus prometteuses.

En ce qui concerne les entretiens vidéo automatisés, l'IA peut analyser non seulement le contenu verbal de l'entretien, mais aussi des éléments non verbaux comme les expressions faciales et le langage corporel. Cela peut fournir un aperçu supplémentaire sur le candidat et aider à identifier les candidats qui sont non seulement qualifiés, mais aussi susceptibles de bien s'intégrer dans l'équipe.

C'est une période passionnante pour travailler dans les ressources humaines. L'IA offre des opportunités sans précédent pour améliorer l'efficacité et l'efficience du recrutement. Comprendre comment l'IA est utilisée dans le recrutement est crucial pour quiconque cherche à travailler dans les RH ou à améliorer ses propres compétences en recrutement.

<u>Conclusion</u>

L'IA a le potentiel de transformer le processus de recrutement, en rendant le processus plus efficace et en aidant les recruteurs à trouver les meilleurs talents. Cependant, comme tout outil, il est important de l'utiliser de manière responsable et éthique. En approfondissant vos connaissances en IA et en comprenant comment elle peut être appliquée au recrutement, vous êtes en train de vous préparer pour l'avenir du travail, un avenir où l'Homme et la machine devront travailler côte à côte.

3.4.2 Gestion de la performance et de l'engagement

Les progrès de l'intelligence artificielle (IA) ont ouvert de nouvelles voies pour la gestion des ressources humaines, notamment pour la gestion de la performance et de l'engagement des employés. Dans cette section, nous explorerons comment l'IA peut aider à gérer et à améliorer ces deux aspects essentiels.

À la fin de ce chapitre, vous comprendrez comment l'IA peut être utilisée pour surveiller la performance des employés et améliorer leur engagement. Vous découvrirez comment les organisations utilisent l'IA pour recueillir des données en temps réel sur les performances et pour donner aux employés un feedback instantané et constructif.

Exemples pratiques

1. *Surveillance en temps réel de la performance* : Les systèmes d'IA peuvent analyser des indicateurs clés de performance (KPI) en temps réel, ce qui permet aux managers d'ajuster rapidement les stratégies et les approches de travail.

2. *Enquêtes d'engagement automatisées* : L'IA peut aider à administrer des enquêtes d'engagement régulières, analyser les résultats et identifier les domaines dans lesquels l'engagement peut être amélioré.

L'IA peut aider à suivre les KPI de chaque employé et même de l'entreprise dans son ensemble. Elle peut analyser ces données en temps réel et fournir des informations précieuses qui peuvent aider à améliorer la performance. Par exemple, l'IA peut identifier les tendances et les modèles dans les données de performance, ce qui peut aider les managers à identifier les domaines d'amélioration et à fournir un feedback constructif aux employés.

Les enquêtes d'engagement des employés sont un autre domaine où l'IA peut être d'une grande aide. Ces enquêtes peuvent souvent être longues et compliquées à analyser. L'IA peut aider à administrer ces enquêtes de manière plus efficace et à analyser les résultats pour identifier les domaines où l'engagement peut être amélioré.

Etude de cas fictif : l'entreprise ABC

Le besoin de l'entreprise :
L'entreprise ABC est une grande organisation axée sur la vente avec une équipe de vente considérable. Avec cette force de vente diversifiée, le suivi de la performance de chaque employé était une tâche complexe. De plus, l'entreprise a réalisé que l'évaluation basée uniquement sur les ventes réalisées et les entretiens de performance n'était pas suffisamment exhaustive et ne donnait pas une image complète de la performance de chaque employé.

Situation avant l'IA :

Comme dit plus haut, avant l'IA, l'évaluation des performances des employés était basée sur les ventes qu'ils réalisaient et sur un entretien de performance avec leur chef de service. Cette méthode ne prenait pas en compte d'autres facteurs importants tels que le type de clients (nouveaux ou existants), le respect des délais de traitement des dossiers, les rapports des chefs de service, ou les retours et plaintes des clients.

Remarque : de nombreux autres critères pourraient être pris en compte comme la capacité à travailler en équipe, à gérer des dossiers plus ou moins complexes, sa performance eu égard à son ancienneté. Tous ces éléments sont paramétrables au sein d'une IA bien pensée.

Implémentation de l'IA :

Pour surmonter ces défis, l'entreprise ABC a décidé de mettre en place un système basé sur l'IA pour une gestion plus détaillée et complète de la performance. Ce système utilise le machine learning pour analyser plusieurs aspects de la performance de chaque employé, y compris le type de clients avec lesquels ils concluent des contrats, le respect des délais, et les rapports de satisfaction des clients et du chef de service.

Le travail de l'IA :

L'IA collecte et analyse les données sur les ventes, différenciant les contrats effectués avec les clients habituels et avec les nouveaux clients. Elle surveille également les délais de traitement des dossiers et analyse les rapports de satisfaction des clients et les retours du chef de service. Elle génère ensuite des modèles de performance pour chaque employé, en identifiant leurs forces et leurs faiblesses. Enfin, l'IA fournit des recommandations d'action concrètes pour chaque employé afin d'améliorer leur performance pour la prochaine évaluation.

Résultats finaux :
Depuis la mise en œuvre de l'IA, l'entreprise ABC a constaté une amélioration significative de la qualité et de l'efficacité de l'évaluation de la performance. Grâce à l'analyse détaillée de l'IA, les managers peuvent maintenant fournir des feedbacks plus précis et constructifs à leurs employés. De plus, les employés bénéficient de recommandations d'action concrètes basées sur l'analyse de l'IA, ce qui leur permet de comprendre clairement les domaines dans lesquels ils peuvent s'améliorer.

Améliorations réalisées :
Grâce à l'IA, l'évaluation de la performance est devenue plus juste et plus précise, ce qui a amélioré la motivation

et la satisfaction des employés. De plus, l'entreprise a pu identifier et résoudre plus rapidement les problèmes de performance, ce qui a conduit à une amélioration de l'efficacité opérationnelle. Enfin, les managers ont pu passer moins de temps à analyser manuellement les performances et plus de temps à se concentrer sur des tâches stratégiques.

Comprendre l'impact et l'utilité de l'IA dans la gestion de la performance et de l'engagement est essentiel pour toute personne travaillant dans les ressources humaines ou dans la gestion. L'IA peut aider à rendre ces processus plus efficaces et plus précis, ce qui peut avoir un impact significatif sur le succès de votre organisation.

Conclusion

L'IA offre des opportunités sans précédent pour améliorer la performance et l'engagement des employés. En comprenant ces technologies et en apprenant à les utiliser de manière efficace, vous pouvez aider votre organisation à prospérer et à réussir. N'oubliez pas, l'IA n'est pas seulement une technologie d'avenir - elle est déjà là et elle change la façon dont nous travaillons. En vous formant dans ce domaine, vous investissez dans votre avenir professionnel et celui de votre organisation. Effectivement, toutes les entreprises veulent améliorer leurs performances. L'IA sera aussi bien votre assistant que celui de votre supérieur ! Cela fera de nous, des humains augmentés professionnellement…

Partie 4: Rôles et responsabilités d'un consultant en IA

4.1 Le rôle d'un consultant en IA

Dans cette partie, nous explorons l'un des rôles les plus importants dans l'industrie de l'IA: le consultant en IA. L'objectif ici est de vous donner une compréhension détaillée des responsabilités quotidiennes d'un consultant en IA. À la fin de cette section, vous serez capable de comprendre le rôle et les responsabilités d'un consultant en IA et d'apprécier l'impact significatif qu'ils ont sur la mise en œuvre réussie de solutions d'IA dans les organisations.

4.1.1 Responsabilités quotidiennes

Un consultant en IA est le pont entre les opérations commerciales et les solutions technologiques. Ils sont chargés de comprendre les défis métier, d'identifier où l'IA peut apporter une valeur ajoutée et de guider l'organisation dans le développement et la mise en œuvre de ces solutions.

Exemple 1 : Implémentation d'un système de chatbot

Prenons l'exemple d'une entreprise qui souhaite améliorer son service client en implémentant un chatbot IA. Le consultant en IA évaluera d'abord les besoins de l'entreprise et ses contraintes : budgets, installations hardware et software, deadlines,… et analysera les différentes options disponibles sur le marché et recommandera la solution la plus appropriée. Ils travailleront ensuite avec les équipes techniques pour développer et déployer le chatbot, s'assurant qu'il répond aux besoins de l'entreprise. Ensuite, le consultant en IA surveille les performances du chatbot et suggère des améliorations en fonction des commentaires des utilisateurs et des performances du système.

Exemple 2 : Optimisation des processus d'entreprise

Un autre exemple peut être une organisation qui cherche à améliorer l'efficacité de ses processus d'affaires. Le consultant en IA pourrait recommander l'utilisation de l'automatisation des processus robotiques (RPA) pour automatiser les tâches répétitives. Ils joueraient un rôle crucial dans l'identification des processus pouvant être automatisés, le choix de la solution RPA appropriée, et le suivi de son efficacité une fois mise en place.

Ces exemples démontrent comment un consultant en IA joue un rôle crucial dans la traduction des besoins commerciaux en solutions technologiques. Ils nécessitent une compréhension approfondie des technologies d'IA, ainsi que des compétences en gestion de projet et en communication pour coordonner les différents acteurs impliqués.

En outre, un consultant en IA doit rester au fait des dernières tendances et avancées en matière d'IA pour être en mesure de conseiller efficacement ses clients. C'est une motivation supplémentaire pour poursuivre votre formation en IA, qui vous aidera à rester compétitif dans ce domaine en rapide évolution. C'est une raison de plus de poursuivre votre formation en IA, qui vous aidera à préparer votre avenir professionnel.

En bref, le consultant en IA est essentiel pour traduire les avancées technologiques en solutions pratiques et applicables qui répondent aux besoins de l'entreprise. Chaque jour apporte de nouveaux défis et opportunités, rendant le rôle à la fois exigeant et gratifiant.

4.1.2 Interactions avec les parties prenantes

Cette section vise à expliquer comment un consultant en IA interagit avec différentes parties prenantes d'une organisation. Comprendre comment naviguer dans ces interactions est essentiel pour faire le pont entre les besoins commerciaux et les solutions technologiques. À la fin de cette section, vous serez en mesure d'apprécier la complexité et l'importance des interactions avec les parties prenantes dans le rôle d'un consultant en IA.

Un consultant en IA travaille avec une variété de parties prenantes, y compris les dirigeants d'entreprise, les gestionnaires de départements spécifiques, les équipes techniques et parfois même les clients. Chaque interaction a ses propres défis et nécessite une communication efficace et une compréhension approfondie des besoins de chacun.

Exemple 1: Travailler avec les dirigeants d'entreprise

Un consultant en IA, lorsqu'il collabore avec les dirigeants d'une entreprise pour élaborer une stratégie d'IA, doit saisir les objectifs stratégiques de l'entreprise et illustrer comment l'IA peut faciliter leur réalisation. Il est essentiel d'expliquer les concepts techniques complexes d'une manière accessible aux non-techniciens et de souligner clairement comment l'investissement en IA peut créer un avantage concurrentiel.

Dans un deuxième temps, le consultant revient avec des propositions concrètes, permettant au client de choisir l'outil qui lui convient le mieux. Il se peut qu'une troisième rencontre soit organisée avec le fournisseur choisi pour affiner l'outil à installer.

Tout au long de ce processus, le consultant en IA reste le point de contact du client, organisant les rencontres, répondant aux questions et fournissant des mises à jour régulières sur la progression du projet.

À la fin du projet, le consultant vérifie le bon fonctionnement des outils installés et peut assurer le suivi de la satisfaction client plusieurs mois après l'installation.

Le nombre de rendez-vous et le niveau de suivi dépendent toutefois de l'ampleur, de la complexité et de la nature du projet, ainsi que du budget alloué, car, il faut le reconnaître, le temps du consultant n'est pas sans coût !

Exemple 2: Collaboration avec les équipes internes

Dans le cadre de son rôle, le consultant en IA a la responsabilité d'examiner et d'évaluer une variété de solutions logicielles qui pourraient potentiellement bénéficier à son client. Ces évaluations doivent tenir compte à la fois des besoins spécifiques du client et de la viabilité technique des solutions envisagées.

Une fois qu'il a identifié les options les plus prometteuses, le consultant en IA se tourne vers l'équipe technique de sa société de consultance. Cette équipe est chargée d'approfondir l'analyse technique de chaque logiciel. Ils doivent examiner minutieusement chaque solution pour s'assurer qu'elle est non seulement techniquement faisable, mais aussi qu'elle s'intègre bien avec l'infrastructure existante du client.

L'équipe technique produit alors un rapport détaillé pour chaque logiciel. Ce rapport couvre les avantages techniques potentiels de l'implémentation de la solution, ainsi que les défis ou problèmes qui pourraient survenir. Il peut également inclure des recommandations sur la manière de surmonter ces problèmes potentiels.

Exemple 3: Collaboration avec les équipes externes

Après la validation des logiciels par le consultant en IA et son équipe technique, la prochaine étape cruciale implique la prise de contact avec les fournisseurs de logiciels sélectionnés. Le but est de confirmer avec leurs équipes techniques que le projet envisagé est effectivement viable. De plus, le consultant se penche sur les aspects financiers et discute des tarifs, ainsi que des opportunités d'expansion futures des produits.

L'efficacité de la communication est cruciale à ce stade. Une interaction précise et claire avec ces sociétés permet une réponse appropriée et complète. Sur la base de ces informations, le consultant en IA est alors en mesure de proposer des solutions concrètes à son client, tout en disposant de toutes les informations requises pour répondre à d'éventuelles questions.

Parfois, un dialogue triangulaire peut être nécessaire, nécessitant une réunion entre le consultant, le fournisseur de logiciels choisi et le client. Ce type de rencontre, orchestré et présidé par le consultant, assure une meilleure compréhension et coordination entre toutes les parties prenantes.

Enfin, en fonction de la nature du projet, le fournisseur de logiciels sélectionné peut être amené à installer son produit chez le client. Le consultant en IA reste cependant le point de contact privilégié pour le client, supervisant l'implémentation pour assurer une transition en douceur et répondre à toutes les interrogations qui pourraient surgir.

4.2 Compétences nécessaires

4.2.1 Compétences techniques

La prochaine section de notre parcours aborde une facette importante du rôle de consultant en IA : les compétences techniques. Cependant, il est essentiel de clarifier que le consultant en IA n'est pas nécessairement un expert en codage ou en algorithmes. C'est un rôle de liaison, de facilitation et de traduction entre les équipes techniques qui conçoivent et mettent en œuvre des solutions d'IA et les clients ou parties prenantes qui les utilisent. Voyons en détail quelles sont ces compétences techniques.

Exemple 1 : Comprendre les termes techniques

La première compétence à acquérir est la familiarité avec le vocabulaire technique. Il est important de comprendre les termes et les concepts de base, tels que l'apprentissage supervisé, non supervisé, l'apprentissage en profondeur, les réseaux de neurones, etc. Vous n'avez pas besoin de savoir comment les mettre en œuvre, mais comprendre ce qu'ils signifient vous aidera à faciliter la communication entre les équipes techniques et les parties prenantes non techniques.

Exemple 2 : Comprendre le cycle de vie des données

La deuxième compétence consiste à comprendre le cycle de vie des données dans un projet d'IA. Il est essentiel de comprendre comment les données sont recueillies, nettoyées, analysées et utilisées pour former les modèles d'IA.

Pour approfondir ces exemples, un consultant en IA doit pouvoir traduire les solutions techniques en explications compréhensibles. Par exemple, si une équipe technique propose une solution basée sur un réseau de neurones profonds, en tant que consultant, vous devrez pouvoir expliquer cette solution en termes simples aux parties prenantes, sans entrer dans les détails techniques. De même, vous devriez être capable d'expliquer à un client comment les données seront utilisées dans leur projet d'IA, sans avoir besoin de comprendre toutes les subtilités techniques du traitement des données.

Rappelons ici pourquoi ce rôle est crucial et pourquoi votre formation en IA est importante. L'IA est de plus en plus omniprésente dans notre société et est appelée à jouer un rôle de plus en plus important dans l'avenir du monde des affaires. En tant que consultant en IA, vous serez à la pointe de cette révolution, aidant les entreprises à naviguer dans ces eaux inexplorées. Vous êtes un acteur clé pour aider à combler le fossé entre la technologie et son application pratique dans les entreprises. Alors, même si le chemin semble parfois ardu, n'oubliez pas l'importance de votre rôle et la valeur que vous apportez. Vous êtes un facilitateur, un vulgarisateur, un organisateur et une personne ressource pour le client.

4.2.2 Compétences en gestion de projet

Nous approfondissons maintenant une autre compétence fondamentale pour un consultant en IA : la gestion de projet. En tant que consultant en IA, vous serez souvent amené à gérer des projets d'IA de bout en bout. Cela nécessite une connaissance approfondie des principes de gestion de projet, qui vont au-delà de la simple compréhension technique. À la fin de cette section, vous serez capable de comprendre comment ces compétences peuvent être appliquées dans le contexte de l'IA.

<u>Exemple 1 : Planification de projet</u>

Le premier exemple concerne la planification d'un projet. Il s'agit d'une compétence essentielle pour un consultant en IA. Vous devez être capable de créer un plan de projet détaillé, de définir des échéances claires, d'attribuer des responsabilités et de suivre l'avancement du projet. Par exemple, lors de la mise en œuvre d'un système de recommandation d'IA pour une entreprise de commerce électronique, vous devrez planifier le processus de collecte de données, les analyses de faisabilité, le développement de l'algorithme, les tests et l'implémentation.

Exemple 2 : Gestion des risques

Un autre aspect important de la gestion de projet est la gestion des risques. Les projets d'IA peuvent comporter de nombreux risques, comme les retards dans la collecte de données, les erreurs dans les algorithmes, ou les problèmes de confidentialité des données. Vous devez être capable d'identifier ces risques, de les évaluer et de mettre en place des plans pour les atténuer. Par exemple, si vous travaillez sur un projet de reconnaissance vocale IA, un risque pourrait être que les données de formation ne couvrent pas tous les accents ou dialectes. Pour atténuer ce risque, vous pourriez planifier de collecter des données supplémentaires dans des régions spécifiques.

Pour approfondir ces exemples, l'IA apporte des défis uniques à la gestion de projet. Les cycles de vie des projets sont souvent plus incertains, avec des itérations et des ajustements constants nécessaires. En outre, la gestion de projet dans l'IA nécessite une communication étroite entre les équipes techniques et non techniques, et la capacité de traduire entre ces deux mondes.

C'est là que votre rôle de consultant en IA entre en jeu. Vous êtes le pont entre la technologie et l'entreprise. En comprenant à la fois les aspects techniques et la gestion de projet, vous pouvez aider à guider l'entreprise vers une implémentation réussie de l'IA. C'est ce qui rend votre rôle si crucial et passionnant. C'est aussi pourquoi la poursuite de votre formation en IA est si importante. Vous façonnez l'avenir de l'IA dans le monde des affaires. Alors, restez motivé et continuez à apprendre !

4.2.3 Compétences en communication

La communication est une compétence fondamentale pour toute profession, et le consultant en IA n'y fait pas exception. En fait, la capacité à communiquer efficacement est peut-être encore plus critique dans ce rôle. En tant que consultant en IA, vous serez chargé de traduire les concepts techniques complexes en termes que les non-techniciens peuvent comprendre, et de présenter les avantages et les risques des projets d'IA aux parties prenantes. À la fin de cette section, vous serez capable d'apprécier l'importance de cette compétence pour votre rôle.

Exemple 1 : Présenter un projet d'IA à la direction

Le premier exemple pratique de l'importance de la communication concerne la présentation d'un projet d'IA à la direction de l'entreprise. Vous pourriez être amené à expliquer comment une solution basée sur l'IA peut améliorer les opérations de l'entreprise. Il est essentiel de le faire d'une manière claire et concise, en mettant en avant les avantages de l'IA, mais aussi en exposant honnêtement les défis et les risques. L'accent doit être mis sur la valeur ajoutée que l'IA peut apporter à l'entreprise et sur la manière dont elle peut aider à atteindre les objectifs stratégiques.

Pour illustrer la compétence en communication, prenons l'exemple d'une entreprise fictive, "TechSol", spécialisée dans la vente en ligne de produits électroniques. L'entreprise a du mal à gérer son service client en raison du volume croissant de demandes. En tant que consultant en IA, vous avez été engagé pour proposer une solution.

Après une analyse approfondie, vous proposez l'implémentation d'un chatbot basé sur l'IA pour améliorer l'efficacité du service client. Vous devez maintenant présenter cette solution à la direction de l'entreprise.

Votre présentation à la direction pourrait comprendre les points suivants :

1. *Problème actuel* : Vous commencez par définir le problème actuel de l'entreprise, à savoir le volume élevé de demandes clients et le manque d'efficacité dans leur gestion.

2. *Solution proposée* : Vous présentez ensuite la solution que vous proposez - un chatbot basé sur l'IA. Vous expliquez que ce chatbot peut répondre aux demandes des clients 24h/24 et 7j/7, améliorant ainsi le temps de réponse et la satisfaction client.

3. *Avantages de l'IA* : Vous expliquez ensuite comment l'IA peut aider à améliorer les opérations de l'entreprise. Par exemple, l'IA peut apprendre de chaque interaction avec un client, améliorant ainsi constamment sa capacité à résoudre les problèmes.

4. *Risques et défis* : Vous abordez ensuite les défis de la mise en œuvre d'une telle solution, comme la nécessité d'un ensemble de données d'entraînement de qualité pour le chatbot, ou les risques possibles associés à la confidentialité des données des clients.

5. *Conclusion* : Enfin, vous concluez en réitérant comment l'IA peut aider TechSol à résoudre son problème actuel et améliorer ses opérations, tout en soulignant que vous et votre équipe êtes prêts à gérer les défis mentionnés.

L'objectif de cette présentation serait de convaincre la direction de l'entreprise de l'utilité de la solution basée sur l'IA, tout en assurant qu'elle est réalisable malgré les défis. Une communication claire, concise et efficace serait essentielle pour atteindre cet objectif.

Exemple 2 : Explication des résultats de l'IA à une équipe non technique (Approfondissement)

Prenons l'exemple d'une entreprise de logistique nommée "LogisTech". Pour optimiser ses opérations, elle a recours à un modèle prédictif basé sur l'IA pour anticiper les retards de livraison. En tant que consultant en IA, vous avez supervisé le développement de ce modèle et il est maintenant temps de présenter les résultats à l'équipe de gestion de l'entreprise, qui n'a pas de formation technique en IA.

Votre présentation à l'équipe de gestion pourrait comprendre les points suivants :

1. *Objectif du modèle d'IA* : Vous commencez par rappeler l'objectif du modèle d'IA, c'est-à-dire prédire les retards de livraison afin de permettre une meilleure planification et gestion des ressources.

2. *Fonctionnement du modèle* : Sans entrer dans les détails techniques, vous expliquez que le modèle utilise des données passées (comme les conditions météorologiques, les horaires de livraison, le volume des colis, etc.) pour apprendre les patterns qui ont conduit à des retards. Il utilise ensuite ces patterns pour prédire les retards futurs.

3. *Résultats obtenus* : Vous présentez ensuite les résultats obtenus par le modèle. Par exemple, vous pouvez mentionner que le modèle a réussi à prévoir les retards avec une précision de 80%. Cela signifie que dans 80% des cas, les prédictions du modèle étaient correctes.

4. *Impact sur l'entreprise* : Vous expliquez ensuite l'impact positif que ces résultats peuvent avoir sur l'entreprise. Par exemple, en anticipant les retards, l'entreprise peut mieux planifier ses ressources, ce qui peut conduire à une réduction des coûts et à une amélioration de la satisfaction client.

5. *Conclusion* : Vous concluez en réitérant l'importance de l'IA pour l'avenir de l'entreprise. Vous encouragez l'équipe à continuer à soutenir ces initiatives et vous assurez que vous serez là pour aider à surmonter tout défi technique qui pourrait survenir.

Dans cet exemple, votre capacité à communiquer les résultats techniques de l'IA de manière simple et compréhensible serait cruciale pour obtenir le soutien continu de l'équipe de gestion pour vos initiatives d'IA.

Exemple 3 : Communiquer avec l'équipe technique interne et externe

Un autre aspect crucial de la communication dans le rôle de consultant en IA est la capacité à communiquer efficacement avec l'équipe technique. Vous devez être capable de comprendre leur jargon et de traduire leurs préoccupations et leurs idées en termes que les parties prenantes non techniques peuvent comprendre. Par exemple, si l'équipe technique rencontre des difficultés pour entraîner un modèle d'IA, vous devrez être capable de comprendre le problème et de l'expliquer à la direction de l'entreprise, tout en proposant des solutions potentielles.

Vous êtes comme un chef d'orchestre, un pied avec le public et un pied avec les musiciens…

En conclusion: dans le monde complexe de l'IA, la communication efficace n'est pas une option, c'est une nécessité. L'IA est une technologie qui peut transformer radicalement les entreprises, mais elle est aussi complexe et mal comprise. En tant que consultant en IA, vous jouez un rôle essentiel en aidant toutes les parties prenantes à comprendre ce que l'IA peut (et ne peut pas) faire. Votre capacité à communiquer efficacement peut faire la différence entre l'échec et le succès d'un projet d'IA.

De plus, le pouvoir de l'IA pour transformer les entreprises et même les industries entières n'est plus un secret. Avoir une solide compréhension de l'IA et être capable de la communiquer efficacement est une compétence de plus en plus précieuse sur le marché du travail. C'est une raison supplémentaire pour laquelle vous devriez être motivé à poursuivre votre formation en IA. Non seulement vous contribuerez à façonner l'avenir, mais vous renforcerez également votre propre avenir professionnel.

4.3 Parcours de carrière

4.3.1 Progression de carrière typique

L'objectif de ce chapitre est de vous faire comprendre comment un professionnel peut progresser dans sa carrière de consultant en intelligence artificielle. En fin de lecture, vous devriez être en mesure d'identifier les différentes étapes de carrière dans ce domaine, d'en comprendre les exigences et de planifier votre propre progression. Retenez tout d'abord qu'un Consultant peut travailler seul ou en équipe, cela dépend de son expérience, de l'importance et du type de projet. Evidemment, il reste toujours en contact avec ses collègues de l'équipe technique et son supérieur.

Une carrière typique en consultation IA commence généralement au niveau junior. Les consultants juniors en IA travaillent sous la supervision de professionnels plus expérimentés et ont pour responsabilité d'assister dans diverses tâches liées aux projets IA.

Exemple 1: En tant que **consultant junior en IA**, vous pourriez être chargé d'analyser les données, de préparer des rapports, de participer à des réunions de projet, et d'effectuer des tâches d'assistance technique sous la direction d'un consultant senior.

Une fois que vous avez acquis de l'expérience et démontré votre compétence, vous pouvez progresser vers un poste de consultant en IA. À ce stade, vous pouvez être amené à prendre la tête de petits projets, à interagir directement avec les clients et à fournir des conseils stratégiques sur l'utilisation de l'IA.

Exemple 2: En tant que **consultant en IA**, vous pourriez être chargé de concevoir une solution d'IA pour une entreprise de logistique qui souhaite améliorer ses prédictions de délais de livraison. Vous interagiriez directement avec les clients pour comprendre leurs besoins, vous superviseriez le développement du modèle d'IA et vous présenteriez les résultats à l'équipe de gestion.

Le niveau suivant serait celui de consultant senior en IA. Ces professionnels supervisent des projets plus complexes, dirigent des équipes et participent à des décisions stratégiques. Ils peuvent également être impliqués dans le développement de nouvelles affaires et la formation de consultants plus juniors.

Exemple 3: En tant que **consultant senior en IA**, vous pourriez diriger un projet pour développer une solution d'IA pour une banque qui souhaite automatiser la détection des transactions frauduleuses. Vous seriez responsable de la gestion de l'équipe de projet, de la supervision du développement du modèle d'IA et de la présentation des résultats aux parties prenantes.

Exemple 4 : En tant que **Business Consultant**, vous pourriez être responsable de l'acquisition de nouveaux contrats, de la mise en œuvre de stratégies de vente et de la supervision d'une équipe de consultants. Votre travail impliquerait la compréhension des besoins du marché, l'élaboration de solutions adaptées et la gestion de l'équipe pour garantir l'excellence du service.

Exemple 5 : Avec le temps et après avoir prouvé vos compétences en leadership et en acquisition de contrats, vous pourriez aspirer au rôle de **Partner**. À ce niveau, vous auriez l'opportunité d'investir financièrement dans l'entreprise, de participer aux décisions stratégiques et de partager les bénéfices. En tant que Partner, vous auriez une influence majeure sur l'orientation de l'entreprise et vous seriez un acteur clé de son succès.

Comprendre cette progression de carrière typique est essentiel pour planifier votre carrière et identifier les compétences que vous devez acquérir à chaque étape. Rappelons-nous que le domaine de l'IA est en constante évolution et offre des possibilités infinies. Il est donc crucial de rester à jour sur les dernières tendances et technologies. Mais surtout, n'oubliez pas que l'IA a le potentiel de transformer le monde et votre carrière. Alors, n'abandonnez pas, continuez à apprendre et à vous développer. Votre avenir dans l'IA promet d'être passionnant et récompensant.

4.3.2 Opportunités de spécialisation

L'univers de l'IA est vaste et en constante évolution, ce qui offre une multitude d'opportunités de spécialisation. À la fin de cette section, vous aurez une compréhension plus claire des diverses voies que vous pouvez emprunter pour vous spécialiser en tant que consultant en IA.

Exemple 1 : Spécialisation en IA conversationnelle

Prenons par exemple un intérêt pour l'IA conversationnelle - les chatbots et les assistants vocaux. Vous pouvez choisir de vous spécialiser dans ce domaine, vous concentrant sur la manière de construire, d'améliorer et de déployer ces technologies dans divers secteurs. Par exemple, vous pourriez travailler à l'implémentation d'un assistant vocal pour une entreprise de logistique, qui gère efficacement les commandes et les requêtes des clients grâce à l'IA.

Exemple 2 : Spécialisation en IA pour l'analyse des données

Un autre chemin peut être l'analyse des données. Ici, vous vous concentreriez sur l'utilisation de l'IA pour comprendre et interpréter de grands volumes de données. Par exemple, vous pourriez travailler sur un projet visant à utiliser l'IA pour analyser les données de vente d'une grande entreprise de commerce électronique, afin de prédire les tendances futures et d'aider à orienter la stratégie de l'entreprise.

Exemple 3 : Spécialisation en IA pour la finance

Supposons que vous ayez un intérêt pour le domaine financier. Dans ce cas, vous pouvez vous spécialiser en IA pour la finance. Cette spécialisation pourrait vous conduire à travailler sur des projets tels que le développement de systèmes de trading algorithmiques ou l'amélioration de la détection des fraudes par carte de crédit à l'aide de l'IA.

Exemple 4 : Spécialisation en IA pour les ressources humaines

Si vous êtes intéressé par les ressources humaines (RH), une spécialisation en IA pour les RH pourrait être la voie à suivre. Par exemple, vous pourriez travailler sur l'utilisation de l'IA pour améliorer le processus de recrutement en automatisant le filtrage des CV ou en développant des systèmes de recommandation pour la formation et le développement des employés.

Exemple 5 : Spécialisation en IA pour la pharmacologie

Enfin, si vous avez un intérêt pour le domaine de la santé, une spécialisation en IA pour la pharmacologie pourrait être une option. Vous pourriez travailler sur des projets qui utilisent l'IA pour accélérer la découverte de médicaments, en analysant de grandes quantités de données pour identifier de nouvelles cibles potentielles pour les médicaments.

Ces exemples illustrent la diversité des opportunités de spécialisation dans le domaine de l'IA. Choisir une spécialisation n'est pas seulement un moyen d'approfondir vos compétences dans un domaine particulier de l'IA, mais aussi de vous différencier sur le marché du travail et d'apporter une valeur ajoutée unique à vos clients.

Néanmoins, chaque spécialisation vient avec ses propres défis.

Par exemple, en vous spécialisant dans l'IA conversationnelle, vous devrez rester à jour avec les avancées technologiques constantes et comprendre comment ces changements peuvent être appliqués à vos projets. Pour l'analyse de données, vous devrez maîtriser la manipulation et l'interprétation de grands ensembles de données, tout en tenant compte des implications éthiques et juridiques de l'utilisation de ces données.

Mais ne laissez pas ces défis vous décourager ! Au contraire, ils devraient vous motiver à continuer à apprendre et à vous développer. En effet, votre engagement à approfondir votre expertise dans ces domaines spécialisés de l'IA ne vous aidera pas seulement à progresser dans votre carrière, il contribuera également à façonner l'avenir de l'IA et son impact sur le monde. Alors, restez motivé et continuez à apprendre ! Comme vous avez pu le comprendre, l'IA impactera de nombreux secteurs qui chercheront des personnes qualifiées pour répondre aux défis de demain. Car oui, une entreprise sans IA pourra exister, comme un peintre pourra continuer à faire des toiles et les vendre dans des galeries d'art mais, ne nous voulons pas la face, pour la majorité des entreprises dans le monde, l'IA sera incontournable !

Ci-dessous, je vous mets des secteurs qui intègrent déjà l'IA dans leur activité, peut-être cela vous donnera l'envie de relever certains de leurs défis !

1. Santé : L'IA peut aider à améliorer le diagnostic, le traitement et le suivi des patients.
2. Education : L'IA peut personnaliser l'apprentissage pour chaque élève, améliorant ainsi les résultats.
3. Finance : L'IA peut aider à détecter les fraudes, à gérer les investissements et à prédire les tendances du marché.
4. Commerce électronique : L'IA peut améliorer les recommandations de produits et personnaliser l'expérience utilisateur.
5. Ressources Humaines : L'IA peut aider à filtrer les candidats, à gérer les talents et à améliorer la satisfaction des employés.
6. Agriculture : L'IA peut aider à optimiser l'utilisation des ressources, à surveiller les cultures et à prédire les rendements.
7. Transport : L'IA peut améliorer la sécurité et l'efficacité des véhicules autonomes.
8. Énergie : L'IA peut optimiser la production et la distribution d'énergie.
9. Gestion des déchets : L'IA peut aider à optimiser le recyclage et la gestion des déchets.
10. Assurance : L'IA peut améliorer l'évaluation des risques et la tarification des polices.

11. Vente au détail : L'IA peut aider à gérer les stocks et à prédire les tendances de vente.
12. Divertissement : L'IA peut aider à créer du contenu personnalisé et interactif.
13. Fabrication : L'IA peut améliorer l'efficacité et la qualité de la production.
14. Marketing : L'IA peut améliorer la segmentation des clients et la personnalisation des messages.
15. Immobilier : L'IA peut améliorer l'évaluation des propriétés et la prédiction des tendances du marché.
16. Sécurité : L'IA peut améliorer la détection des menaces et la prévention des intrusions.
17. Environnement : L'IA peut aider à surveiller et à protéger l'environnement.
18. Journalisme : L'IA peut aider à automatiser la création de contenu et à détecter les fausses informations.
19. Droit : L'IA peut aider à automatiser la recherche juridique et à prédire les résultats des procès.
20. Pharmacie : L'IA peut aider à accélérer la découverte de médicaments et à prédire les interactions médicamenteuses.
21. Sécurité alimentaire : L'IA peut aider à surveiller et à assurer la sécurité alimentaire.
22. Architecture : L'IA peut aider à concevoir des bâtiments plus efficaces et durables.
23. Tourisme : L'IA peut améliorer la recommandation de destinations et la personnalisation des expériences.

24. Sport : L'IA peut aider à améliorer la performance des athlètes et à analyser les jeux.

25. Météorologie : L'IA peut améliorer la prévision du temps et la modélisation climatique.

26. Santé mentale : L'IA peut aider à surveiller et à traiter les maladies mentales.

27. Mode : L'IA peut aider à prédire les tendances de la mode et à personnaliser les recommandations de vêtements.

28. Télécommunications : L'IA peut améliorer la gestion du réseau et la qualité du service.

29. Art : L'IA peut aider à créer de nouvelles formes d'art et à découvrir des tendances artistiques.

30. Politique : L'IA peut aider à analyser les tendances politiques et à prévoir les résultats des élections.

31. Logistique : L'IA peut aider à optimiser la gestion des stocks et la planification des itinéraires.

32. Restauration : L'IA peut aider à optimiser la gestion des stocks et à améliorer le service client.

33. Géologie : L'IA peut aider à prédire les tremblements de terre et à gérer les ressources naturelles.

34. Astronomie : L'IA peut aider à analyser les données astronomiques et à découvrir de nouvelles galaxies.

35. Cosmétique : L'IA peut aider à personnaliser les produits cosmétiques et à prédire les tendances.

36. Cybersécurité : L'IA peut aider à détecter et à prévenir les cyberattaques.

37. Électronique : L'IA peut aider à concevoir des circuits plus efficaces et à prévoir les pannes.

38. Biotechnologie : L'IA peut aider à concevoir de nouveaux organismes et à accélérer la recherche génétique.

39. Archéologie : L'IA peut aider à analyser les sites archéologiques et à restaurer les artefacts.

40. Psychologie : L'IA peut aider à analyser les comportements humains et à prédire les tendances psychologiques.

41. Construction : L'IA peut aider à optimiser la planification et la gestion des projets de construction.

42. Hôtellerie : L'IA peut améliorer le service client et optimiser la gestion des établissements.

43. Militaire : L'IA peut améliorer la stratégie militaire et la détection des menaces.

44. Robotique : L'IA est essentielle pour le développement de robots plus intelligents et plus autonomes.

45. Musique : L'IA peut aider à composer de la musique et à analyser les tendances musicales.

46. Design d'intérieur : L'IA peut aider à concevoir des espaces intérieurs plus efficaces et agréables.

47. Gestion de l'eau : L'IA peut aider à optimiser l'utilisation de l'eau et à gérer les ressources en eau.

48. Ingénierie civile : L'IA peut aider à concevoir des infrastructures plus sûres et durables.

49. Chimie : L'IA peut aider à découvrir de nouvelles molécules et à optimiser les réactions chimiques.
50. Aéronautique : L'IA peut aider à concevoir des avions plus sûrs et plus efficaces.

4.3.3 les métiers de l'IA

Il est vrai que les métiers liés à l'intelligence artificielle (IA) peuvent prendre des noms divers et variés, parfois même prétentieux, et ils peuvent être subdivisés en deux catégories principales : les métiers classiques de l'informatique qui se sont adaptés à l'IA, et les métiers spécifiquement liés à l'IA. Il est essentiel de comprendre que les termes sont souvent utilisés de manière interchangeable et que les descriptions de poste peuvent varier d'une entreprise à une autre.

1. *Data Scientist*: C'est probablement le métier le plus connu dans le domaine de l'IA. Le data scientist utilise des techniques statistiques et d'apprentissage automatique pour interpréter, comprendre et extraire des connaissances à partir de données complexes.

2. *Data Analyst*: Un peu similaire au data scientist, le data analyst se concentre davantage sur l'analyse de données pour aider à la prise de décisions. Il peut utiliser certains

outils d'IA, mais son rôle est généralement moins centré sur l'apprentissage automatique.

3. *Machine Learning Engineer/AI Engineer*: Ces ingénieurs conçoivent et implémentent des systèmes d'apprentissage automatique. Ils sont souvent des informaticiens de formation qui se sont spécialisés dans l'IA.

4. *Research Scientist:* Un chercheur en IA est souvent titulaire d'un doctorat et mène des recherches de pointe pour développer de nouvelles techniques d'IA. Il peut travailler dans des institutions académiques, des laboratoires de recherche ou des entreprises de technologie.

5. *AI Architect:* Un architecte IA est responsable de la création de solutions IA pour les entreprises. Il doit comprendre les besoins de l'entreprise et être capable de concevoir des solutions d'IA adaptées.

6. *Consultant en IA (Classique & Technique):* Les consultants en intelligence artificielle peuvent être classifiés en deux spécialités principales : classique et technique. Les consultants classiques en IA sont la principale personne de contact du client. Ils ont pour rôle d'analyser les besoins spécifiques du client, de proposer

des solutions adéquates et de veiller au suivi du projet. Ils peuvent également être appelés à superviser une équipe de consultants, selon les besoins du projet. D'autre part, les consultants techniques en IA sont responsables de l'évaluation de la faisabilité des projets, et dans certains cas, de la configuration et de l'implémentation des systèmes d'IA.

7. *AI Ethics Officer:* Un rôle de plus en plus important, l'AI Ethics Officer s'assure que les solutions d'IA sont développées et utilisées de manière éthique.

Ces descriptions de poste sont des généralisations et les responsabilités spécifiques peuvent varier considérablement d'une organisation à une autre. De plus, de nouvelles spécialités et titres de poste continuent d'émerger à mesure que le domaine de l'IA évolue.

Partie 5 : Préparation à la certification

5.1 La Certification en pratique

Il est temps de concrétiser votre apprentissage! Comme premier pas dans le monde de l'IA, vous avez la possibilité de passer un examen pour obtenir le Certificat de **Consultant IA : niveau de base**. Cet examen en ligne sous forme de questionnaire à choix multiple (QCM) valide vos connaissances et votre préparation à participer activement à des projets IA en tant que Consultant IA. Avant de démarrer le QCM, il sera nécessaire d'indiquer **votre mail** et la **date d'achat** de votre formation, et ce, dans un champ prévu à cet effet. De plus, il est essentiel de noter qu'il n'y a qu'**une seule réponse possible par question**. L'objectif ? Atteindre au moins **60% de bonnes réponses** pour prouver votre maîtrise.

Lorsque vous vous sentirez prêt(e), veuillez accéder à l'évaluation finale via le **QR** code suivant :

Ou via le **lien** : https://qruiz.net/Q/?kFeHLM

Je vous recommande de revoir les sections du cours que vous avez trouvées complexes avant de vous lancer.

Même si vous avez la possibilité de repasser l'examen plusieurs fois, notez que seul votre score final vous sera fourni, sans précision sur les questions ratées. Il est donc primordial d'avoir une solide compréhension du cours pour aborder cet examen avec assurance.

Lorsque la réussite sera vôtre, un **certificat** vous parviendra à **l'adresse électronique** indiquée en préambule du questionnaire.

Je vous souhaite un examen réussi et une certification méritée!

L'acquisition de ce certificat marquera le début d'un parcours riche et prometteur. Non seulement il soulignera vos compétences initiales en IA, mais il jettera également les bases d'une carrière épanouissante.

Si vous êtes en quête d'approfondissement, une certification avancée vous est proposée, dont les détails seront explorés plus loin dans ce syllabus.

Je tiens à vous remercier sincèrement d'avoir opté pour notre formation. En se formant, chacun contribue à bâtir l'avenir brillant de l'IA. Le voyage ne fait que commencer, bonne continuation!

-Jean Constant

5.2 Techniques de préparation à l'examen

Bienvenue dans cette section dédiée à vous aider à développer des techniques d'étude efficaces pour vous préparer à l'examen de certification de notre formation en IA. À la fin de cette section, vous serez en mesure de comprendre et d'appliquer différentes techniques pour optimiser votre apprentissage et être prêt pour l'examen.

L'IA est un domaine vaste et en constante évolution, mais ne vous laissez pas intimider. Avec les bonnes techniques d'étude, vous pouvez assimiler efficacement les connaissances requises.

Nous pensons que chaque formation peut être réussie en 6 semaines, ce qui permet d'obtenir le Certificat de Consultant AI : niveau de base en 1 mois et demi et le Certificat en Consultant AI : niveau avancé en 3 mois (l'obtention du Ceritcat de base étant une condition requise pour pouvoir passer le Certificat avancéà).

Mais évidemment, ce sont nos estimations et, comme chaque personne et chaque situation est différente, profitez de la flexibilité qu'offre cette formation pour avancer à votre rythme et présenter l'examen quand vous vous sentez prêt !

Voici quelques types de préparations pour vous aider :

Exemple 1 : Planification

Un bon point de départ pour l'étude est la planification. Il est conseillé de se créer un planning d'étude adapté à votre rythme et à vos disponibilités. Ce planning doit prendre en compte tous les chapitres du syllabus. Par exemple, vous pouvez consacrer une semaine à l'étude de chaque chapitre. La répartition équilibrée de votre temps vous aidera à couvrir tout le syllabus sans vous surcharger.

Exemple 2 : La répétition espacée

Une autre technique d'étude efficace est la répétition espacée. Cette technique implique de réviser les informations à intervalles réguliers au lieu de les regrouper en une seule session d'étude. Par exemple, après avoir étudié un chapitre, reprenez-le quelques jours plus tard, puis une semaine plus tard, etc. Cette technique est particulièrement utile pour l'IA, car elle vous aide à assimiler les nombreux concepts et principes de manière plus profonde.

Exemple 3 : Le Rush

Une autre approche pour préparer votre certification est "le rush". Cette méthode, qui nécessite une grande capacité de concentration et d'assimilation rapide, consiste à parcourir intensément le syllabus en un temps réduit. L'objectif est de capitaliser sur votre temps disponible et votre aptitude à apprendre rapidement pour tenter de décrocher la certification dans un délai court.

Par exemple, si vous disposez d'une période de complète liberté, vous pouvez décider de réviser tous les chapitres du syllabus dans un laps de temps court. Il s'agit d'une méthode d'apprentissage intense qui peut être efficace pour certaines personnes, en particulier celles qui sont capables de retenir rapidement de grandes quantités d'informations.

Cependant, il est important de noter que le rush présente un risque d'échec plus élevé. En effet, cette méthode ne laisse pas beaucoup de temps pour l'assimilation et la révision des concepts. Si vous échouez à l'examen, vous devrez alors payer pour tenter à nouveau la certification. Le rush peut donc être une stratégie risquée, mais potentiellement payante si vous réussissez.

Mais n'oubliez pas, au-delà de ces techniques, votre motivation est un facteur clé de succès. L'intelligence artificielle est une discipline passionnante qui transforme tous les aspects de notre vie quotidienne et professionnelle. En poursuivant cette formation, vous ne faites pas seulement un choix judicieux pour votre carrière, vous vous positionnez également à l'avant-garde d'un nouveau monde de possibilités.

Gardez cela à l'esprit alors que vous vous préparez pour l'examen. Chaque concept que vous apprenez, chaque heure que vous consacrez à l'étude, vous rapproche de la certification qui pourrait ouvrir de nouvelles portes pour vous, dans le domaine passionnant de l'IA. Alors, restez concentré, restez engagé et surtout, continuez à apprendre !

Alors, quelques soient vos projets, je vous souhaite le meilleur pour l'avenir. L'IA sera votre outil tant de nombreux aspects de votre vie. J'espère que cet ouvrage vous aura permis de découvrir ce domaine et pour la majorité d'entre vous, de susciter une passion qui entraînera une cascade de questions et de réponses pour vous enfoncer toujours plus dans ce monde où l'intelligence de l'humain et de la machine se rejoignent pour dépasser tout ce que l'humanité à pu créer jusque maintenant.

5.3 : Et après la certification de base ? la certification avancée pour consultant en IA ?

Ne mettons pas la charrue avant les bœufs, la formation de base est de toute façon un prérequis pour pouvoir passer la formation avancée et elle peut, à elle seule, satisfaire de nombreuses personnes
Cependant, quand vous aurez parcouru avec succès notre formation de base en IA pour les consultants, vous pourrez passer à la prochaine étape.

Nous avons conçu une formation avancée spécialement pour vous qui aspirez à aller plus loin et à déployer pleinement votre potentiel en tant que consultant en IA. Le but de la formation de base est de pouvoir travailler dans un environnement IA tout en comprenant les discussion menées lors des réunions, de pouvoir proposer des directions à mener pour lancer ou faire évoluer les projets et d'intégrer une équipe IA afin de les assister.

Cependant, comme son nom l'indique, une formation de base ne peut offrir toutes les connaissances nécessaires à la maîtrise de l'IA. Déjà parce que c'est une matière en constante évolution et qui demande donc de se former continuellement. D'autant plus que le sujet est vaste et que de nombreuses entreprises vont se faire la guerre prochainement pour essayer d'obtenir des monopoles sur des activités liées. Mais également, car il vous reste des points à approfondir pour pouvoir occuper une place plus importante dans la gestion de pojets IA, ce qui est le but de la formation « avancée ».

La formation avancée abordera ou approfondira de nombreux points tels que :
- La création de promptes efficaces adaptés à chaque projet
- L'IA multimodale, l'avenir de l'IA
- Les agents intelligents ou comment automatiser le travail de l'IA
- Mais également : le boosting, l'apprentrissage par renforcement avancé, les profondeurs abyssales du deep learning et du RNN,…
- Et finalement, en dehors de l'aspect technique de l'IA : l'évaluation des besoins, le choix des technologies appropriées ou encore l'analyse retour sur investissement de l'IA.

5.4 Quelques mots de l'auteur pour conclure :

Dans tous les cas, je vous souhaite une belle aventure dans l'Univers de l'IA, une réalité qui s'infiltre inexorablement dans chaque fibre de notre existence. C'est un voyage que je souhaite aussi riche et éblouissant que possible pour chacun d'entre nous, artisans et utilisateurs de cette technologie prodigieuse. Puissions-nous tous récolter les fruits les plus doux que l'IA a à nous offrir.

Que cette technologie ôte de nos épaules le poids des tâches les plus ingrates, sans jamais nous priver de la gratification d'une carrière épanouissante et parfois même novatrice. Qu'elle nous octroie le don inestimable du temps, cette ressource précieuse que nous pourrions alors consacrer à ce qui compte vraiment : chérir notre bien-être et tisser des liens indélébiles avec nos proches.

Que l'IA, tantôt discrète, tantôt puissante, soit une alliée dans notre quête de joie et de bonheur. Qu'elle sache automatiser ce qui engendre ennui et peine, tout en décuplant les moments de joie et de bonheur que la vie nous réserve.

Cependant, il est essentiel que l'IA sache se faire discrète, voire inexistante, dans certains domaines de notre vie.

Que nous conservions notre précieuse capacité à faire des choix, même erronés, à être créatifs, même si le résultat est parfois imparfait. Car c'est de ces imperfections et erreurs que naissent des moments mémorables et des créations époustouflantes, des sommets d'humanité que l'IA ne pourra jamais atteindre.

Ainsi, je vous souhaite un voyage éclatant et enrichissant à travers cet univers passionnant de l'IA. Puissions-nous naviguer avec sagesse et audace dans ces eaux encore inexplorées, guidés par la lumière de la connaissance et de l'innovation .

- Jean Constant

Table des matières

Introduction 3
Partie 1: Introduction à l'IA 6
   1.1 Définition de l'IA 6
      1.1.1 Comprendre le concept d'IA 6
      1.1.2 Différence entre l'IA, l'apprentissage automatique et le deep learning 7
   1.2 Histoire et évolution de l'IA 11
      1.2.1 Les débuts de l'IA 11
      1.2.2 Les différentes vagues de l'IA 17
      1.2.3 L'IA moderne 19
   1.3 Différents types d'IA 23
      1.3.1 IA faible vs IA forte 23
   1.4 Applications courantes de l'IA 32
      1.4.1 IA dans la vie quotidienne 32
      1.4.2 L'IA dans les affaires 34
      1.4.3 IA dans la Recherche et le Développement (R&D) 38
Partie 2: Fondements de l'IA 42
   2.1 Introduction au Machine Learning 42
      2.1.1 Définition du Machine Learning 43

2.1.2 Types de Machine learning (supervisé, non supervisé, semi-supervisé, apprentissage par renforcement) 44

2.2 Deep Learning 50

2.2.1 Comprendre le concept de Deep Learning 51

2.2.2 Les réseaux de neurones et leur fonctionnement 53

2.3 Algorithmes couramment utilisés en IA 59

2.3.1 Les algorithmes de classification 59

2.3.2 Les algorithmes de régression 66

2.3.3 Les algorithmes de clustering 69

2.4 Les outils et langages de programmation pour l'IA 75

Introduction 75

2.4.1 Le codage en informatique 77

2.4.2 Python et ses bibliothèques pour l'IA 78

2.4.3 Autres outils et langages utilisés en IA 88

2.4.4 Les prompts en IA : une communication à maîtriser 92

Partie 3: Applications de l'IA dans le monde des affaires 95

3.1 IA dans le marketing et les ventes 95

3.1.1 Personnalisation du marketing 95

3.1.2 Automatisation des ventes 97

3.2 IA dans les opérations 101

    3.2.1 Automatisation des processus 101

    3.2.2 Optimisation de la chaîne d'approvisionnement 104

3.3 IA dans la finance..108

    3.3.1 Détection de la fraude 108

    3.3.2 Investissements guidés par l'IA....................110

3.4 IA dans les ressources humaines 114

    3.4.1 Recrutement assisté par l'IA 114

    3.4.2 Gestion de la performance et de l'engagement 116

Partie 4: Rôles et responsabilités d'un consultant en IA 123

4.1 Le rôle d'un consultant en IA................................123

    4.1.1 Responsabilités quotidiennes 123

    4.1.2 Interactions avec les parties prenantes.........125

4.2 Compétences nécessaires 130

    4.2.1 Compétences techniques..............................130

    4.2.2 Compétences en gestion de projet 132

    4.2.3 Compétences en communication..................134

4.3 Parcours de carrière...141

    4.3.1 Progression de carrière typique 141

4.3.2 Opportunités de spécialisation 144

4.3.3 les métiers de l'IA 152

Partie 5: Préparation à la certification 155

5.1 La Certification en pratique 155

5.2 Techniques de préparation à l'examen 158

5.3: Et après la certification de base ? la certification avancée pour consultant en IA ? 162

5.4 Quelques mots de l'auteur pour conclure : 164

Printed in France by Amazon
Brétigny-sur-Orge, FR